中国国际战略学会译丛
Chinese Institute For International Strategic Studies

古巴：起步还是止步？
KUBA - Aufbruch oder Abbruch?

〔德〕汉斯·莫德罗
（Hans Modrow）

〔德〕弗里茨·施特雷利茨
（Fritz Streletz）

〔德〕克劳斯·艾希纳
（Klaus Eichner）

〔德〕福尔克尔·赫尔姆斯多夫
（Volker Hermsdorf）

/ 著

王建政 / 译

社会科学文献出版社
SOCIAL SCIENCES ACADEMIC PRESS (CHINA)

Volker Hermsdorf，Hans Modrow，Fritz Streletz，Klaus Eichner

Kuba – Aufbruch oder Abbruch?

© 2016 Verlag Wilijo Heinen，Berlin und Böklund

本书根据德国 Verlag Wilijo Heinen 出版社 2016 年版译出

采访者

福尔克尔·赫尔姆斯多夫

（《汉堡早报》原总编辑）

受访者

汉斯·莫德罗（Hans Modrow）博士

（原民主德国总理）

弗里茨·施特雷利茨（Fritz Streletz）上将

（原民主德国国家人民军总参谋长）

克劳斯·艾希纳（Klaus Eichner）上校

（原民主德国国家安全部侦察总局处长）

译者的话

　　《古巴：起步还是止步？》一书德文版发行于 2016 年 1 月。三位主要作者中，有两位是我的多年好友：一是原东德总理莫德罗博士，二是原东德国家人民军总参谋长施特雷利茨上将。第三位作者是原东德国家安全部美国问题专家艾希纳上校，虽然与我素昧平生，但是他的名字早就如雷贯耳了。三位作者都是古巴问题专家，都是古巴人民的老朋友。其中，施特雷利茨将军一人就曾 20 次访问古巴，算得上是菲德尔·卡斯特罗和劳尔·卡斯特罗兄弟的"铁杆战友"。

　　今年 2 月中旬，莫德罗博士托中国大使馆白伟参赞给我带来了《古巴：起步还是止步？》德文原版图书，并附了一封热情洋溢的来信，激起了我把它翻译成中文的冲动。

　　莫德罗在两德统一后写的第一本回忆录《起点与终点》（1991 年）就是我翻译成中文的。1994 年，该书中文版由军事科学出版社内部印发，印数仅 150 册，属于大字版内部参考资料，阅读范围十分严格。2002 年，军事科学出版社在时隔 8 年之后终于发行了公开版。

2013 年 1 月 28 日出席德国左翼党中央为该党元老委员会主席、原东德总理莫德罗博士举办的 85 岁生日招待会

2010 年 10 月家访原民主德国国防委员会秘书、国防部副部长兼国家人民军总参谋长施特雷利茨上将

《起点与终点》之后，莫德罗陆续写了十多本书，几乎每次都会收到他的签名赠书。但是，由于公务繁忙，一直没有时间再翻译他的书。如今我退休赋闲，可以任性翻译了。

从 2 月 16 日拿到书，到 3 月 16 日翻译完毕，《古巴：起步还是止步？》的翻译用时仅一个月。之所以这样任性突击，主要动因有三：

（1）美国总统奥巴马定于北京时间 3 月 21～22 日偕夫人及两个女儿访问古巴，成为 88 年来首次访问古巴的美国总统。

（2）古巴共产党中央委员会定于今年 4 月 16 日至 18 日召开第七次代表大会，劳尔·卡斯特罗是否可能在此期间宣布辞去国务委员会主席的职务？届时古巴是否会进入后卡斯特罗时代？古巴社会主义发展道路是否会经历挫折？这一系列问题成为世人关注的焦点。

（3）原东德总理莫德罗夫妇和原国家人民军总参谋长施特雷利茨上将拟于今年 9 月应中国国际战略学会邀请访问中国。

本书翻译印发过程中，感谢中国国际战略学会办公室主任祝捷、前驻古巴武官林保国高级研究员和战略学会虞爽同志给予的大力支持。感谢德国驻华使馆翻译室主任魏珍（Margaritha Wilke）女士在翻译过程中给予的热情指导。

王建政

中国国际战略学会高级顾问

2016 年 3 月 21 日于北京

致中国读者

古巴的革命进程面临新的挑战。这或许是美国 1961 年发动猪湾入侵行动以来最大的挑战。

在入侵行动失败之后，美国中断了与古巴的外交关系，并对古巴实施了极端的经济封锁。菲德尔·卡斯特罗及其战友们的回应是，决定在古巴开始建设社会主义社会的革命进程。从此，古巴成为拉丁美洲一个希望的小岛。

欧洲现实社会主义的终结和苏联的解体，使古巴进入了一个特殊阶段，给古巴人民带来了极其巨大的负担。然而，这个阶段并没有导致美国所期待的社会挫折。欧洲局势的发展和苏联国体的终结，却迎来了拉丁美洲几个国家"21 世纪社会主义"的实现——这是委内瑞拉总统查韦斯冠以的称谓。

美国必须认清，以武力和封锁促使古巴社会体制更替的路线已经失败。2014 年 12 月，古巴国务委员会主席和美国总统宣布，两国关系在恢复外交关系的基础上进入一个新的阶段。

本书作者试图将这一新的态势作为机遇加以阐述，也针对问题和危险加以审视。曾经围绕本书的书名产生过争议：这是一个机遇？机遇究竟何在？危险是否大于机遇？怎样才能遏制危险？于是，我们开始回顾民主德国时代的自身经验，开始审视民德沦亡的自身经历。我们很快就发现：虽然有着类似的经历，但是区别甚大。

民主德国，包括联邦德国，均是四大同盟国战胜德国法西斯的结果。苏联作为德国东部的占领国，为建立一个新的社会主义体制、设立一种新的所有制关系奠定了关键的基础。古巴革命的进程则是由自身力量所发动和承载。我们认为，古巴在苏联终结后仍然能够抵御美国的帝国主义企图，其根源在于 1959 年的革命。

我们的中国读者，同样生活在一个社会主义特色的国家，其社会主义体制同样来自于一场革命。古巴的机遇，与始终努力保持经济和社会的稳定密不可分。古巴共产党的第七次代表大会，将释放出新的动力。与美国和欧盟国家建立的新关系，可以给古巴带来开放，古巴能够更多地进入资本主义市场，并能够推动各项革新。放眼古巴的未来，哈瓦那附近的马列尔深水大港和连接大西洋与太平洋的尼加拉瓜运河，将起到重要作用。

本书的书名，也应指出古巴面临的巨大挑战。德国外交政策的立场是"通过接近促使演变"。美国没有展示将其占据了 100 多年的关塔那摩基地归还古巴的意愿，没有展示结束封锁的意愿。帝国主义对古巴的威胁意图并没有停止。我们呼吁所有进步力量保持和增强对古巴的团结声援。我们希望本书对此做出贡献。我们希望中国读者一起加入声援古巴的行列。

汉斯·莫德罗

2016 年 3 月于柏林

目 录

1

前　言

从第一次帝国主义瓜分世界的战争，亦即 1898 年美国与西班牙争夺古巴、菲律宾和其他大陆的战争以来，就流传着一段逸闻趣事。在古巴这个加勒比海岛国上，古巴的朋友和敌人都对那个故事耳熟能详，并不断地重复讲述。因为，凡是在本书中读到福尔克尔·赫尔姆斯多夫和克劳斯·艾希纳所谈论的，美国国家民主基金会和媒体大亨针对古巴的计划时，必然情不自禁地回忆起那个故事。

故事的主要情节如下：1897 年，美国报界巨子威廉·蓝道夫·赫斯特男爵（1863～1951），凭借耸人听闻的报道不断提高其报纸发行量，一举成为全世界最富有的报业大王。他派遣了一位名叫弗雷德里克·雷明顿（1861～1909）的著名记者兼插图画家前往古巴，其使命是报道即将发生的美国对西班牙战争。这位记者百无聊赖，通过海底电缆拍发了一封电报："There is no trouble here. There will be no war."（"这里没有烦恼，战争不会发生。"）赫斯特回了一封电报："You furnish the pictures. I'll furnish the war."（"您只管提供照片，我会提供战争。"）

不是等待能够摧毁整个国家的新闻事件，而是自己编造战争起因，然后通过大规模的媒体咆哮将责任指向他

1

人——帝国主义的这种政策，尤其是战争政策和媒体政策的样式，时至今日并没有多少变化。

当时的一切都按照赫斯特的设想顺利进行——其后果影响至今。1898 年 2 月 15 日，装满弹药的战列舰"缅因号"突然爆炸，造成舰上 266 名乘员死亡。该舰自 1897 年起停泊在哈瓦那港，名义上承担着保护美国公民的使命，有些人至今还这样认为。美国对这次事件进行了秘密调查。随后华盛顿方面宣布，是一枚西班牙的鱼雷击中了军舰，并称之为"恐怖袭击"。战争的由头找到了。赫斯特的媒体发出了战争叫嚣："Remember the Maine, to hell with Spain!"（"想一想'缅因号'，把西班牙送进地狱！"）这一口号在美国一下子就家喻户晓了，以至于美国前总统罗纳德·里根（1911～2004）1987 年在军营里进行战争动员时还加以引用。于是，对西班牙的战争打响了，古巴被"解放"了，也就是说被美军占领了。以参议员奥维尔·H. 普拉特命名的"普拉特修正案"，对 1901 年的美国军备预算增加了"补充条款"，作为美国撤军的先决条件。这项法案的第 VII 条规定，美国任何时候都可以对古巴进行军事干预，并有权"购买或租赁"土地用于海军基地建设。这份"解放证书"在哈瓦那制宪会议上被两度拒绝，直到第三次表决才获得通过。美国事先威胁，将一直占领古巴，直到这项法案被古巴政府认可。在之后的几年内，古巴一直被置于美国大使馆的领导下，美国每年都会定期进行干涉。1934 年，"普拉特法案"被时任美国总统富兰克林·D. 罗斯福（1882～1945）宣布废除，但是保留了

第 VII 条款。他的声明险些危及迄今仍然存在的关塔那摩美军基地。

赫斯特在发起反西班牙的战争挑唆时，面临着另一个美国媒体经理人的竞争，他叫约瑟夫·普利策（1847～1911）。他们两家媒体在描述西班牙殖民部队的战争暴行时，真真假假、相互攀比。他们一起抨击古巴岛国上的集中营，但是赫斯特发表的照片尤其吸引眼球，其揭示西班牙兵痞虐待古巴平民的图片以往从来没有在媒体上曝过光。二人确实可以称得上是古巴的"朋友"，他们在反对西班牙"战争罪犯"方面勇气可嘉。最大的战争障碍曾经是美国公民的厌战情绪，但是在军舰爆炸案发生之后，沙文主义浪潮就取代了厌战情绪。从这个意义上讲，事实的确如此：媒体提供了战争，然后再去报道战争。

美国有一位战争英雄，名叫西奥多·罗斯福（1858～1919）。作为海军部副部长，他是当时最雄心勃勃的战争支持者和策划者。为了参加这场战争，他辞去了自己的职务，报名成为志愿者，因此获得了媒体声誉，以至于1900年当选副总统，并于1901年总统遇刺身亡后继任总统。①他在当年就推出了自己的座右铭："低声说话，挥舞大棒，你就可以走得远。"1906 年，他获得诺贝尔和平奖。他推行的是扼杀古巴解放运动的政策，他赞成的是"黑人和女子"不得参加选举的宪法。当然，他打的是"文明"的旗

① 1901 年 9 月 6 日，第 25 任美国总统威廉·麦金利在布法罗市泛美博览会发表演说时，被一名无政府主义者刺伤，于 9 月 14 日不治身亡。西奥多·罗斯福随后成为第 26 任美国总统。——译注

号，而当时"文明"就是"种族主义"的代名词，因为"种族主义"听起来不太入耳。

对比今日，历史事件并非偶然现象。美国的地理位置没有变，帝国主义的规矩也没有变。和平奖再次颁给了一个发动战争的美国总统。但是有一点发生了变化。1959年，在美国1898年发动战争60年后，古巴发生了革命。这场革命导致古巴不得不抵御来自美国的，主要是以国家恐怖主义手段发起的持续进攻。截至2015年初，据古巴政府统计，总共有超过700次针对古巴人民生命、健康和财产的袭击，3500多人在袭击中丧生。

这场战争，美国与苏联之间持续了几乎25年之久的这场冷战，至今还没有终结。但是，古巴赢得了各次关键性的战役。华盛顿赢取这场战争胜利的目标没有改变，但是面临着一些困难。古巴革命具有国际政治意义。古巴过去和现在都是拉丁美洲的要津，因为她是社会主义国家，或许恰恰因为她是社会主义国家，所以比以往任何时候都更重要。本书表明，古巴的经济意义和战略意义似乎也在提升——特别是马列尔深水港，其建设和运营的参与者包括金砖五国中的三个国家。

即便是北美洲和西班牙语世界的反革命媒体康采恩嗅出了古巴与美国重新塑造关系的晨风，即便是政府支持的所谓非政府组织已经较少支持持不同政见者，转而更多地致力于促进"公民社会"倡议运动，问题的关键是，他们是否还能激发古巴民众回忆起古巴的历史，回忆起古巴的反美解放斗争。古巴领导人所指的"理想的斗争"，正在进入一个新的阶段，其重要性超过以往任何时期。这里指的是西方的颠覆计划和媒体影响，它既是本书讨论的内容，也是古巴共产党阐述的重点。

当德国共产党 2015 年 11 月 14 日～15 日在莱茵河畔的法兰克福召开第 21 次代表大会时，古巴共产党中央委员会发来的贺电称，与美利坚合众国恢复外交关系是一个"重要的转变"。贺电同时还指出："我们知道，这一事实尽管代表了一个积极的步骤，有助于双边紧张关系的缓和，但是并非意味着古巴与那个帝国主义强权之间斗争的结束。只要北美针对古巴的罪恶封锁依然存在，只要关塔那摩海军基地这样被非法占据的领土还没有归还，只要北美政府支持和操纵的针对我国人民的颠覆纲领还没有终结，只要 50 年侵略政策对我国人民带来的巨大伤害还没有得到补偿，我们就不能轻言古巴与美国的关系已经正常化。"

福尔克尔·赫尔姆斯多夫的这本书独立成册，但同时也是他与汉斯·莫德罗合著的《铁砧或铁锤》一书的续篇。那本书付梓之时，正是古巴主席劳尔·卡斯特罗和美国总统贝拉克·奥巴马于 2014 年 12 月 17 日的历史性会见前夕。如今这本书中所记录的谈话内容，是对前书出版后一年间有关事件的印象集成。此书提供了政治、军事、情报领域的专家分析，也包含了各位专家的精辟建议。

古巴并不需要这些建议。世界上没有谁比古巴距离帝国主义的中心更近，没有谁比古巴更清楚地认识到他们制定的进步政策所面临的危险。

今天的赫斯特，当然依旧很活跃。曾经为推翻欧洲社

2015 年 7 月 25 日，本书作者福尔克尔·赫尔姆斯多夫与汉斯·莫德罗（中）和 弗里茨·施特雷利茨（左）在柏林利希滕贝格区举办的"团结声援集会"上

会主义做出"巨大贡献"的美国投机者、亿万富翁乔治·索罗斯，自 1990 年以来一直在"公众社会"的主题词下资助世界各地的颜色革命。由他资助的塞尔维亚"反抗"（Otpor）运动，得以在"人民愤怒"的情绪和示威者的帮助下于 2000 年赢得了贝尔格莱德政权更迭的目的。西方主流媒体将此作为轰动性的新闻，四处兜售其经验，为全世界有意或无意间追随亿万富翁的拥护者们树立了样板。2014 年底有消息披露，"反抗"运动也曾在哈瓦那进行过尝试，其音乐剧本与第比利斯、基辅、明斯克和其他地方所上演的完全一样——均是在美国国际发展署（USAID）2009～2012 年的支持下。后来，这些运动被古巴政府禁止。

这只是许多次尝试中的一次。索罗斯在 2011 年接受德国《明镜》周刊采访时，就其社会发展的信条所做的阐述，与当年赫斯特先生所言几乎一模一样："金融市场有一条十分可靠的途径可以预言未来：市场自己创造未来。"他在国际性阶级战争的高层所从事的"革命性"活动，证明了他可以用金钱和组织来预言未来并加以实现，而不仅在金融领域中拥有天下无敌的模式。他及其同类的那一套，自 1959 年以来在古巴不再奏效。本书有助于了解其中的历史原因和现实原因。本书传递着一种信心，即这种现状将继续下去。

阿诺尔德·舍尔策尔
（Arnold Schölzel）
原《青年世界》总编辑
2015 年 12 月于柏林

原民主德国总理

汉斯·莫德罗：

每次观察古巴都须兼顾全球局势发展

莫德罗先生，2014 年我们曾经连续数月交流了我们在古巴的经历，尤其是对古巴的看法。当时您曾表示，美国和欧盟应当与古巴这个加勒比海社会主义岛国实现关系正常化。《铁砧或铁锤》一书付梓后不久，古巴国务委员会主席劳尔·卡斯特罗和美国总统贝拉克·奥巴马于 2014 年 12 月 17 日宣布，将重新恢复自 1961 年 1 月 3 日被美国单方面中断的外交关系。您对这一举措感到惊讶吗？

也许应当对我们此前进行的谈话做一点自我批评性的回顾。我们对事态发展的力度估计不足，这是一个原本应当始终意识到的弱点。也许因为自身经历过失败，所以未能及时察觉较大烈度的演变。这不是在谴责其他人。但是，或者是作为亲身参与者对历史进程加以回顾，或者是作为局外人进行旁观，这两种角度观察事态的区别很大。有些人可能认为，非当事者可以比较冷静地旁观。如今我们才知道，教皇和天主教教会的斡旋作用曾经十分重要。奥巴马身边的小圈子不大，其盟友事先既不知情，也未参与。古巴方面的内情也许相似。意外事件的时间、空间等因素，乃是政治的特点。谋政务求出人意料，我认为这样做确有奇效。我们往往事后更聪明，然而正是由于这个因素，人们往往对自己在历史中犯过的各种错误，对历史的整个进程，不能给予足够的重视，更遑论事先保持清醒的意识、一切料事于未然了。

难道没有迹象表明奥巴马的古巴政策可能发生变化？

汉斯·莫德罗 1962 年与瓦尔特·乌布利希在一起

有些涉及外交礼节的事件，或许可以有针对性地加以利用，而表面观察往往难以洞察内里。有一点是肯定的，奥巴马总统不仅意识到美国迄今的古巴政策已经走入死胡同，而且因此在拉丁美洲乃至全世界越来越陷入自我孤立。此外，有一些事件的发生，当然也可以令有经验的政治家突发灵感，十分老谋深算地加以利用。纳尔逊·曼德拉的命运和历史重量，或许被劳尔·卡斯特罗，也被贝拉克·奥巴马牢牢地把握住了。无论是刻意的，还是无意的，两位领导人在曼德拉这位伟人的悼念活动上会面，在政治上是不可规避的。人们在这一时刻感受到的人性，减轻了一个举动的难度，局外人对此的在意程度不如两位当事人。①

握手之后，起初是几个小步子，似乎并不棘手。美国经济界有兴趣的代表或许试图审视一下，晴朗天气能够在市场上维持多久。美国认为，古巴的媒体完全是由政治操控的。不过，即使在美国，政治对媒体也在产生作用——不仅要以其利益加以观察，而且要以其目的加以影响。自2014年夏季起，美国出现了一系列社论文章，例如影响巨大的《纽约时报》等媒体的发行人，均十分强烈地要求出台新的古巴政策。记者界的要求逐渐蔓延，奥巴马则有意在对古政策上谋求逐步改变的新空间，二者之间相互影响、相互利用，形成了一种变幻的局面。

您认为奥巴马改变轨迹的主要原因是什么？作为一位几乎没有成就的总统，他是不是真想在任职结束之前树立一块纪念碑，以补上诺贝尔和平奖授予他的合法理由？

究竟是不是在转轨，他先要展示一些诚意。此举在一定程度上是为美国内政服务的。究竟会对古巴采取什么战术，我们只有在未来几年里才能看清楚。2014年12月，

---

① 很多观察家将贝拉克·奥巴马和劳尔·卡斯特罗2013年12月10日参加南非自由战士、第一位黑人总统葬礼时的第一次握手视为历史性事件。

也就是下次美国总统大选的近两年之前，两国领导人的会谈引入了两国关系正常化进程的第一阶段。自2017年1月起，也就是总统大选后，局势将发生变化。奥巴马当然希望在美利坚合众国的历史上找到他的位置。古巴可能只是他的一个局部问题。

当美国和苏联两个超级大国、北约和华约两大集团相互对峙于一场热战的边缘时，古巴的地位有如社会主义世界位于西方半球边缘某种形式的前哨。我们当时也是这样称呼古巴的。当今之世的利益追求已经不同。在集团对峙的年代，华盛顿集团打击自家门前的社会主义前哨，乃是冷战时期冲突的一部分。自1990年起，古巴虽然失去了保护，但是随着拉丁美洲局势的演变却融入了新的联盟。此外，古巴甚至还充当了该地区冲突调停者的角色，例如，哥伦比亚政府与该国革命武装力量之间的谈判就是在哈瓦那举行的。

在美国，围绕古巴问题的普遍氛围已经转变。许多美国公民的祖先源自拉美，如今即使在迈阿密的流亡古巴人居住区内，制裁和仇恨的宣传也无法吸引选票了。每当奥巴马提及美国在古巴政策上的失误，初衷并非要质疑美国的历史，而是旨在为建立外交关系的决策寻找可能的理由。例如，重大失误源于错估古巴稳定态势，华盛顿以为那里的体制很快就会终结。由此施加的对古威胁没有取得预想效果，孤立古巴的努力因该地区乃至全世界不断增长的团结声援而告失败。奥巴马目前究竟是不是想建立一块纪念碑，依我看还不能确定。美国外交政策谋求的仍然是帝国主义目标，招致批评是咎由自取。不过，他本人确实想在古巴乃至该地区谋得好名声、赢得尊重。

一些欧盟重要国家的代表，例如法国、西班牙、意大利、荷兰，甚至还有英国的代表，迫于欧盟内部右翼的压力，纷纷偏离欧盟的共同立场①，先于美国的政治家前往哈瓦那敲门做客。这种做法的意义何在？

欧盟各国对古巴的态度从未完全一致。一方面试图封锁，另一方面又要兼顾本国利益，其立场自然会不断变化。在我担任欧洲议会议员期间，常常看到不同国家敦促欧盟改善对古关系的努力，例如西班牙的对古政策总是会有大幅度摆动。在中欧和东欧国家社会体制转变之后的几年内，欧洲右翼形成了一股反共势力，首先是针对古巴。尽管如此，欧盟还是先于美国发出了改变对古政策的新信号。欧盟早在 2014 年 4 月就开始了对古关系正常化的初次正式谈判。此举不仅缘于自身的动力和思考，或许也是因为意识到迄今的政策已经宣告失败。欧洲在全世界的地位和影响力业已停滞，甚至正在下降，而金砖五国②正在赢得经济和政治、包括在和平与安全问题上的分量。如果不

---

① 系指 1996 年根据西班牙首相何塞·玛丽亚·阿兹纳尔提出的倡议，由欧盟成员国通过的共同立场，欧盟自此开始了对古巴的制裁政策。该文件将古巴这个加勒比海社会主义岛国的体制改变作为关系正常化的先决条件。古巴因而成为拉丁美洲国家中唯一未同欧盟签署合作协定的国家。

② 系指五个正在崛起的新兴经济体所建立的一个合作机制，成员即巴西、俄罗斯、印度、中国和南非。

把古巴视为这个世界上平等、主权的一部分，联合国关于减少贫困和饥饿的全球目标就无法达成，就不可能通过古巴马列尔港口和尼加拉瓜运河参与发展机遇。尽管华盛顿即使在奥巴马主政期间也在不断强化封锁古巴的治外法权运用，但是欧洲各国与古巴的双边接触却在增多。欧盟对古巴的谨慎接近，美国当然看在眼里，于是美国要求自身松动立场的压力也在增大。

2007 年 10 月 6 日在柏林举行的声援古巴会议，图片中央是正在主持会议的克劳斯·艾希纳，其左侧为时任古巴大使赫拉多·佩纳尔韦

　　在奥巴马发表声明之前的几个月内，对古巴团结运动的活动明显增多。您认为这种现象对局势的发展有没有影响？

　　哈瓦那当然在不断努力增大对古巴与美国关系正常化

步骤的压力。尤其是因为 1990 年后的利益态势发生了新的变化。拉美后院已经不再是俯首为美国服务、听凭华盛顿控制的军事独裁者的休闲场所了。联合国决议发出了支持古巴力量不断增长的信号，与此同时，孤立美国的征兆也不断显现。华盛顿曾经一再强调古巴是支持恐怖主义的国家，向美国派出间谍从事颠覆活动，这种论调越来越失去可信度。古巴在国际舞台上赢

汉斯·莫德罗 1989 年 12 月在统一社会党－民主社会主义党特别党代会上

得了信任，而美国则以同样的速率变得越来越不可信。声援古巴的团结运动热情高涨，团结声援增强了双方互动关系。古巴赢得了越来越广泛的朋友队伍，这些朋友开展了越来越活跃的行动。在德国和欧洲活动的团结声援组织，例如德国－古巴友好协会（Cuba Sí）、"古巴网民"等声援力量，也经历了自身队伍中信任、自信和团结气氛的不断增强。

有一点是可以确信的，即全世界范围内的团结声援活动，对于释放"古巴五人"特工中仍被美国监禁的其余三人起到了作用，也使得交换被古巴逮捕并判刑的华盛顿间

谍阿兰·格罗斯等囚犯成为可能。我个人认为，古巴发出的一个人道信号，对于关系正常化进程的影响似乎具有长远的、更加重要的意义。正是哈瓦那一再提出用美国间谍交换"古巴五人"侦察组中仍然在押三名成员的倡议。美国曾经长期不想接受这一人道解决方案，最终却难以将其再次驳回。在我看来，古巴的强处不仅仅在于索回了三名"古巴五人"成员，更在于向美国遣返了间谍阿兰·格罗斯。

美国总统奥巴马在其 2014 年 12 月 17 日和 2015 年 7 月 1 日的讲话中称，美国将继续推动古巴体制变更。华盛顿的老目标没有变化，现在改变的只是其方法吗？

根据我的体会，类似的问题也存在于欧洲。欧洲左翼力量把希腊激进左翼联盟 Syrize 取得的选举胜利和 2015 年 7 月 1 日民意测验中 61% 的民意反对"三驾马车"独裁①的现象视为欧盟内部的一个转折。他们把巨大希望和期待系于希腊局势的发展，同时却低估了欧洲保守的反动势力的决心和能量。他们的目标没有变，仍然毫不犹豫地一以贯之，哪怕大多数民众反对也不罢手。我们原本从一开始就更加坚定地提出团结问题，制定各种方案，以支持我们的希腊朋友，以必要的力度支持他们。

美国始终在追求唯一超级大国的地位，以确立其在全

---

① 系指由欧盟、国际货币基金组织和欧洲央行组成的"三驾马车"合作。——译注

世界的领导角色。只要对立势力阻挡了美国利益，他们就会费尽心机。吉米·卡特与罗纳德·里根两位总统之间政策的波浪起伏——前者对古巴展示了少许的友好，而后者又坚定地选择了对峙——未来仍然可能发生。当时，中国开始在世界上发挥独特的新作用，毛的时代结束了，邓发出了新的信号①。今天，中国再次发出了世界力量对比发生变化的信号，加勒比海岛国古巴在这一变化中获得了重要的地位。1962 年，当古巴进入一个可能以导弹捍卫其独立的态势时，我们的地球差一点就爆发了一场世界核大战②。如今，古巴可以成为大西洋与太平洋之间贸易潮的巨大旋转平台，其作用超过以往任何时期。哈瓦那以西 45 公里处建造的马列尔深水港和尼加拉瓜运河，连接了中国和俄罗斯两大国与南美最大的国家巴西。这是一个投资巨大的项目，而美国却采取了中立立场。奥巴马在这方面确实走出了重要的第一步。但是，这条路究竟会走向何方，如今尚难确定。

美国迄今为止在所有总统的领导下都坚持着霸权主义目标，只是贯彻这一目标的方法经常改变。您如何评价未来可能因华盛顿路线的改变，而从如今获得许多赞美的"融雪天气"，重新进入新冰川期的危险性？

---

① 中国共产党中央委员会主席毛泽东（1893～1976）逝世后，邓小平（1904～1997）成为中共第二代领导集体的核心。

② 系指 1962 年 10 月因美国以海上封锁和战争威胁逼迫苏联从古巴撤出核导弹时引发的导弹危机。

我理解您这个问题后面隐藏着的不信任感。不久前的2015 年刚刚参加的一个活动，引发了我对一个类似话题的思考。在三大国波茨坦会晤①70 周年的纪念活动中，类似的问题接踵而至。在 1945 年 2 月的雅尔塔会议上，富兰克林·德拉诺·罗斯福总统在场，但是他在当年 4 月就病逝了。英国首相温斯顿·丘吉尔经历了谈判的开始，但是他的后任克莱门特·艾德礼代表英国参会至最终。而代表苏联的约瑟夫·斯大林，则参加了从德黑兰会议、雅尔塔会议到波茨坦会议的全程。会议后不久，美国立即于 1945 年 8 月 6 日向日本广岛投下第一颗原子弹，三天后又向长崎投下第二颗。冷战很快就主导起政治辩论。风向开始变化，反希特勒阵营发生分裂。历史学家迄今仍在讨论，如果罗斯福依然在世，各大战胜国的反希特勒联盟会不会得以为继？至少不至于分崩离析。

在拉丁美洲，近年来由各个革命运动、各个强大势力和联盟主导的变化，在应对美国企图方面成功地提供了更多的安全。所谓的"融雪天气"，并不是美国努力创造的。历史上曾经有过几位美国总统，他们多次试图缓和对古巴的关系，然而每次尝试都遭到回击。约翰·F. 肯尼迪显然还没有来得及将其缓和对古关系的计划付诸实施，因为他被刺杀了。吉米·卡特在略微开放对古巴政策方面取得了

---

① 1945 年 7 月 17 日至 8 月 2 日，波茨坦会议在齐切琳宫召开。第二次世界大战同盟国三大主要成员美国、苏联和英国首脑的会晤，也被称为柏林三大战胜国会议。有关德国的会议成果被称为《波茨坦协定》，有关日本的的决议则称为《波茨坦公告》。

最大的成就。例如，其成果是 1977 年两国相互开设"常设代表处"。然而，1981 年接替卡特的罗纳德·里根，在对古政策方面却比此前历届总统都要糟糕。美国的体制无法保证一项可靠的政策。无论何时，只要不同的经济或军事利益团伙占据了主导地位，其帝国主义政策的贯彻方式就会发生变化。

古巴领导人劳尔·卡斯特罗与海因茨·凯斯勒（左）以及弗里茨·施特雷利茨

也就是说，美国对古巴制裁政策迄今的松动和关系正常化进程还会出现问题？

迄今为止，正常化不过是一个说辞而已。古巴与美国关系是一个政治概念，但是仍然没有实质内容。两国在大使级别上重新相互承认。然而，凡是说到世界共同体或联合国时，务必清楚古巴早就属于联合国大家庭中完全正常的一员了。凡是设立大使馆的地方，就应当尊重驻在国的标准与法律，应当为外交事务创造必要的条件。根据国际法及相关国际准则，外交官的行为有义务遵守国际法的各项规定。这一点必须首先针对美国提出要求，因为他们派驻很多国家的外交官违反了这些规定。正常化跑道上的最初几个跨栏虽然很难逾越，但是毕竟已经跨越。然而前面还有很多跨栏，跨越它们才能够将愿景声明变为实际进程，把具体内容发展为真正变化的关系。还有很多问题找不到统一的答案。只要这些问题不解决，我认为美国的可信度就难免大打折扣。

您指的是哪些具体问题？

古巴主席劳尔·卡斯特罗和外长布鲁诺·罗德里格斯已经指出了一系列问题。其中包括要求解除所有制裁，将关塔那摩海湾归还古巴，承认古巴革命后国有化进程的合法性，对美国制裁带来巨大损害的责任问题展开谈判等。我认为这些要求是合理的。这些要求的贯彻，远比涉及关系正常化步骤的对话更为重要。古巴的这些要求和美国提出的反要求，应当成为双方谈判和澄清的基础。这是一个艰难的过程——我们自己在民主德国和欧洲其他社会主义国家早已经历过——必须时刻保持警觉。美国会说一系列有关 B 点的论据，实际上却是想走向 C 点。如果轻易地相信美国，以为只要满意地解决了 A 点和 B 点问题，事态就会好转，那就大错特错了。我个人认为，我们的代表在赫尔辛基就犯了这样的大错。① 我们的人以为，第 1 点和第 2 点是最重要的问题，解决了这两点就一帆风顺了，第 3 点无关紧要。然而没想到，第 3 点才是一记重锤。当时，我们因为已经获得对方的承诺而沾沾自喜，未曾想是走入了一个陷阱。②

对古巴而言，最重要的一点是结束封锁。您对这方面有什么观察？

古巴被封锁有着自身历史。我想在这里说几点个人的看法。在我看来，古巴的政策低估了几种现象，而这些现

---

① 系指欧洲安全与合作会议。在冷战时期，根据华沙条约组织的倡议，跨集团的欧洲国家会议于 1973 年 7 月 3 日在赫尔辛基召开，与会者为 35 个国家：7 个社会主义国家，13 个中立国家，15 个北约国家。经过 2 年谈判之后，在赫尔辛基签署了欧安会《最后文件》。埃里希·昂纳克作为民主德国代表，与联邦德国的赫尔穆特·施密特和美国的格哈德·福特成为平等伙伴。这一愿景声明的签署国，均有义务承认边界的不可侵犯性，包括联邦德国与民主德国之间的边界，均应重视各国的主权和领土统一、和平解决争议事端、不干涉他国内部事务以及保护人权和基本自由。此外，还就经济、科学和环保领域中的合作达成了协议。在后续会议中，将审查各国对欧安会《最后文件》的贯彻情况。

② 维基网络百科全书在描述欧安会议成果时写道："会议刚刚结束，在许多观察家眼中东欧集团是会议的真正赢家，因为首次在一个国际条约中承认了东欧国家，尤其是波兰和民主德国的边界，并且确定了不干涉内部事务的原则，奠定了创建经济关系的基础——这是经互会所希望达到的目的。事后才逐渐显示，关于人权的部分才具有最重要的分量，而经互会国家当初或许对此并没有很在意。人权内容成为许多东欧国家政治异见者和人权组织的工作基础……这些势力是应赫尔辛基文件的呼吁而泛起，并对东欧集团的崩溃发挥了作用……"

象对理解今天的年轻一代十分重要。1959 年的革命胜利，不仅仅是古巴游击队的一个胜利，而且是美国在整个拉丁美洲殖民政策的失败。美国在欧洲的卫星国联邦德国，在民主德国与古巴建立外交关系后立即中断了与哈瓦那的外交关系。在民主德国与联邦德国之间的边界于 1961 年关闭时，美国和苏联两大战胜国以其占领权参与了此次事件。在 1962 年的导弹危机中，不存在这样的占领权。菲德尔·卡斯特罗看出其中的越顶交易，需要一段时间重建古巴与苏联之间的信任。之后，古巴不仅获得了团结声援，而且在社会主义国家经济一体化的框架内占据了牢固的位置。古巴始终坐在谈判席旁，就一体化的发展和形式平等参与决策。在此期间，相互间的利益和贸易关系始终起着作用。即使在 1990 年之后的特殊阶段，当时的某些因素也为古巴经济的存活做出了贡献。

在 1973 年之前，美国一直阻止民主德国加入联合国，苏联则作为反制阻挡联邦德国。对古巴革命进程及其融入拉美一体化的封锁，没有给美国带来其追求的成效，即消除社会主义。但是，美国封锁造成的损害极其巨大，对国际法构成了持久的破坏。华盛顿似乎已经意识到，他们在智利和格林纳达采取的有效方式，即通过武装推翻、入侵或通过战争达到制度更替，也就是直接输出反革命的目的，因全世界以及拉丁美洲力量对比的变化而无法复制了。如果巴西对古巴巨额投资，用以建造未来海上运输的宏伟基础设施，如果中国以同样方式开始对尼加拉瓜运河进行开发，美国就会感受到必须加以关注的反作用力。古巴将根据其国家利益，继续独立地重点要求解除对其封锁。但是，为了增强古巴面对美国所应有的力量，其他朋友和盟友必须给予古巴团结声援。

美国在过去从未成功地达成完全封锁的目标，因为在欧洲社会主义终结之前——如人们所说的那样——古巴被全面纳入了欧洲社会主义国家的一体化。当时，所谓的"巴统"组织规定依然有效，我们的国家自身也受到封锁，科学和装备技术的现代化发展受到限制。为了不听天由命，我们成立了经济联盟——经济互助委员会（"经互会"）。随着拉美国家左翼力量的竞选胜利和一系列左翼政府的形成，美国的封锁再次遭到多种形式的破坏，有时甚至被突破。如今美国人正在考虑，逐步取消封锁或许也符合美国的利益。全面封堵的包围圈已经不复存在。在美国方面，奥巴马毫无疑问已经推动了一项超出重建外交关系范畴的政策。正如他本人所说的那样，主题词是"正常化"。

正常化意味着欧盟也应取消根据美国利益发布的声明和规定，从而改变自身的立场。必须尊重国际法，与所有国家保持良好关系。应当根据自身的利益和理念行事，而不是附和唯一超级大国美国的帝国主义利益。此外，这样的步骤也有利于推动联合国政治气氛的改善。如果贝拉克·奥巴马、约翰·克里、希拉里·克林顿以及其他美国政治家要谈论正常化，那么他们就必须结束旨在孤立古巴的所有做法。美国或欧盟仅仅在口头上宣布其良好意愿是不够的，他们必须用事实来证明其意愿。只要发动了针对伊拉克和阿富汗的战争，只要在叙利亚展开了公开的和隐蔽的军事行动，只要保持针对俄罗斯这样的国家的威胁，就不可能有什么良好意愿。如果真的有良好意愿，在拉丁美洲就应当从真正尊重古巴开始，将终止封锁作为重要的第一步。

我认为，从局势进一步发展的角度看，光是美国国会单方面做出取消制裁的决议还不够，下一步无论如何必须由双方达成一致协议。古巴需要安全，包括计划安全，需要签署与此相关的经济合同，必须可靠地、清晰地遵守双方达成的协议。为了显示终止封锁政策的可靠性，也应当采取后续的步骤，例如归还关塔那摩海湾。所有这一切都必须得到协议保障，因为根据我们欧洲的亲身经验，口头承诺一文不值。我想在这里举一个例子加以说明：戈尔巴乔夫曾经抱怨说，联邦德国和美国政治家尽管高调、神圣地做出过北约不会向东扩张的承诺，却违背了这个诺言。当时，既没有留下书面备忘录，也没有签署协议。戈尔巴乔夫盲目地信任谈判伙伴的承诺，带来的后果是北约迄今仍在东扩。

联邦德国在联合国全体大会上支持解除制裁，您认为德国是否应该再做些什么？

这是必须的。像德意志联邦共和国这样的国家，其经济实力始终处于欧洲领先地位，并且在政治上也有一定的影响力，所以不应只考虑美国施舍的那点可能性。德国政府可以在古巴问题上明确地采取更多自发的、主权的行为。德国与古巴在诸多领域展开交流，不仅有益于古巴，而且有益于整个世界。

自从您 1970 年首次访问古巴以来，已经过去了几乎半个世纪。当年，大多数古巴人认为他们是革命的胜利者。如今，您已经多次访问古巴，您的印象中他们现在的想法是什么？

这个问题看上去很简单，但对我来说是一个很难回答的问题。相对于古巴革命的胜利，当年民主德国的胜利是指同盟国各国战胜了由德意志资本建立并维持的纳粹独裁，德意志人民因此从法西斯主义下获得了解放。在心怀感激与自身行动之间，必须建立一座桥梁。当年的这座桥梁虽然时隔几十年依然存在，但在我们民主德国于 20 世纪 80 年代出现了一些裂缝。今天的古巴，新的一代已经开始了政治生涯，走进了经济和其他所有领域。菲德尔·卡斯特罗 2005 年在哈瓦那大学对古巴青年所做的那次讲话[①]，在我每次访古期间一再重新在耳边响起。当我们自己作为年轻一代开始政治生涯时，当我们 18、19 或 20 岁时，真的能够理解和领会威廉·皮克、奥托·格罗提渥、瓦尔特·乌布利希和其他老人所说的话吗？菲德尔·卡斯特罗

[①] 菲德尔·卡斯特罗 2005 年 11 月 17 日在哈瓦那大学警告说，古巴革命有可能不是从外部，而是"由于我们的弱点和错误而被我们自己"所摧毁。

的讲话已经过去十年了。但是我一再感受到，年轻的几代人能够接受、思考和传承其母亲父亲和奶奶爷爷的经验。通过在古巴的感受，我相信双方确实都抱有兴趣，双方都很开明。

古巴正在继续努力实现其革命进程的现代化。为了在2016 年春季召开的古巴共产党第七次代表大会①上提交总结报告，目前正在开始某些修正。这将为未来经济和社会的进一步发展指定方向。古巴共产党和政府面临的挑战是，继续推进和塑造该国的全面发展与稳定。教育、文化和体育仍然保持着一个高水平。古巴的国际主义，亦即古巴与其他国家的团结互助，在整个拉丁美洲乃至世界很多地区吸引了极大的关注。如果谈到古巴与友好国家在教育、文化和健康保障领域中的团结互助，这个社会主义岛国确实在不断展示其新的能量。在其他方面，也可以对第七次党代会及其重大决策给予高度期待。例如，古巴 40% 以上的农业可耕地仍然处于休耕期。面对追究原因和责任的问题，不应当依旧给不出答案。每年有数百万旅游者在古巴感受舒适并夸奖这个国家和其国民。对这个岛国及其居民的认识，由同情而产生的经验和知识，度假后带回家的各种印象，这一切都成为古巴局部减轻乃至最终克服因美国制裁而造成的摧毁性效应的重要因素。

---

① 古巴共产党第七次代表大会开幕式象征性地选择 2016 年 4 月 16 日，因为这一天是菲德尔·卡斯特罗倡导的古巴革命宣布其社会主义性质的 55 周年纪念日。

您认为正在开启一个新时代？

如果认为开启即意味着成果，那我只能表示怀疑。我们的整个谈话已经表明，古巴不过是一系列重大事件中的一个局部环节而已，尽管她可能是一个非常重要的环节；而这些重大事件，似乎预示着一个特殊的，抑或是崭新的时代。眼下我的倾向性看法是，迄今已经迈出的步骤，可以评价为僵局中求妥协之举。双方都愿意走出僵局，双方都必须走出僵局——尽管出于不同的利益角度。如果走不出僵局，双方都有损害。古巴将会在无法预见的未来仍然忍受违反国际法的制裁之苦，这种制裁如今已经阻碍了日常生活，未来还会大大迟滞古巴实施雄心勃勃的经济规划。美国则可能在很大程度上失去其超级大国在领导权上的分量。在我看来，回旋余地更大的是古巴、拉美和加勒

1993 年 10 月，菲德尔·卡斯特罗欢迎汉斯·莫德罗来访，之后进行了为时数小时的会谈

比海地区。进入一个新时代的机遇是有的，如何加以利用和塑造是眼下面临的挑战。为此，需要赋予一体化和政治社会进步以一种新的质量，需要推动古巴从殖民主义枷锁中解放出来，需要拉美大陆上的和平共存。在我看来，今日拉丁美洲大陆的特点不是同属一个语言家族，而是应当向其他各大洲展示，一个世纪的和平为我们所有人提供了幸存的唯一机遇。在欧洲社会主义于 20 世纪末期失败之后，如今——21 世纪——社会进程面临着一个新的挑战。

您如何评价欧盟与古巴关系的发展？双方的机遇和优势何在？

如果我在一年前回答这个问题，答案会有所不同。当时的目光更多地聚焦于欧洲大陆。但是，今天拉丁美洲的变动比欧洲更加有力、更加广泛、更加迅速。从左翼政治力量的发展速度来看，拉美和加勒比海地区也超过欧洲，那里左翼的实力和影响力增强得更快。在许多观察家看来，2015 年 1 月希腊大选的结果似乎是欧洲左翼的胜利。在民意测验中对激进左翼党（Syriza）纲领的认可，对政府紧缩开支政策的抗拒，都是这样的信号。然而，事实上这并不是欧洲政治向左转向的转折点——如所希望的那样，相反，保守的反动势力反而进一步加重了针对希腊的手段，社会福利制度的过度砍伐仍在继续。机场、港口、岛屿和许多仍然国有的企业被廉价抛售。破产和贫困现象还将继续扩大。这样的政策为的是展示欧洲的长期走向，不仅仅是做给希腊人看的，所有国家都会继续加大压缩社会福利的压力。在对古巴政策方面，欧盟有兴趣摆脱美国迄今拴在欧洲国家脖子上的绳套，自主塑造与社会主义加勒比海岛国古巴的关系。我希望并期待着在最近的未来，我们能够更加积极地发展古巴与欧盟国家之间的外交和贸易关系。但是，这一切将给古巴的稳定和相互关系的正常化带来什么样的效应，还需要进一步观察。

您曾经长期致力于推动我国联邦外长访问古巴。于是，弗兰克－瓦尔特·施泰因迈尔果真于 2015 年 7 月 16 日至 18 日访问了哈瓦那。然而，他此行的成果——与 2015 年 5 月其他欧洲国家外长、法国总统弗朗索瓦·奥朗德相继访古和 2015 年 10 月意大利总理马泰奥·伦齐访古相比——比较逊色。您如何评价施泰因迈尔的访古成果和德国联邦政府的古巴政策？

上一个议会任期中的所作所为，有时或许也是有益的。至少在我看来，我对联邦外长的一个提示已经被证实是适宜的。我对最高外交官提出的一个公式是：迟到的访问总比太迟的访问好一些。在德意志联邦共和国，只要一说起责任问题，首先想到的是增长的实力，而不是历史的负担。一说到实力，则会说：我们需要更好的新步枪，坦克和航空兵已经不再先进了，数量也不够了。一再抱怨缺少儿童、教育、文化、健康和养老的经费，可是用于装备和作战的经费则可在一夜之间拿出数十亿。以这样的责任感办事，在古巴问题上就难以成事，甚至有可能根本就没有思考过。

德意志联邦共和国更应该思考的是一个问题：我们会不会失去其他国家并不具备的特殊机遇？在古巴这个社会主义岛国中，生活着数万名会说德语的公民。他们中的很多人曾在民主德国接受过训练和教育，而民主德国在加入联邦德国之后也成为德国的一部分。古巴人和德国人（我们东德人也是德国人）之间在几十年内建立起来的相互信任和良好关系，应当在今天的外交和经济决策时，在促进相互利益和拓展可能性时，得到更多的重视。如果这些切入点不能加以利用，那就是愚蠢的。反观古巴，对德国高科技也感兴趣，例如环保工艺或可再生能源领域。现在的问题是，德国外交政策界究竟想在古巴展开什么内容的谈判？双方可以做的互利的事情很多，将远远超出现有的水平。我们也可以考虑一下，如何能够成功地利用德国－古巴友好协会（Cuba Sí）的社会组织、网络和其他团结声援团体，通过欧洲议会左翼议会党团、德国联邦议院左翼党议会党团，我认为甚至也可以通过各州议会中的议会党团，更加积极、有效地推动所有层面的相互交流。

德意志联邦共和国外交部长对古巴的访问，也可以算得上是一小段历史佳话。民主德国的外长当然曾经多次访问过古巴。但是根据古巴的历史记载，资本主义时代德国外长的上一次访问，发生在1902年。因此，弗兰克－瓦尔特·施泰因迈尔与劳尔·卡斯特罗的会见具有一定的历史性意义。签署一项关于两国外长定期举行政治磋商的备忘

录，可以为广泛的、多领域的、更加频繁的交流创造框架
条件。

在德国和欧盟，保守党、社民党、绿党的政治家，也
包括几位"左翼党"政治家，虽然要求改变现状，但要求
只针对古巴一方。古巴人认为这是傲慢的态度，是殖民主
义、帝国主义心态的表露。这种立场就是："别人必须改
变一切，我们一切不变。"您或许还记得民主德国加入联
邦德国时的那个时代，这段历史对今日古巴是否有借鉴意
义？

这种现象是存在的，否则我们会感到惊讶。在要求古
巴改变现状的背后，存在着阶级斗争。他们明确指称：当
今这个世纪，世界上不再允许存在社会主义。乌戈·查韦
斯在委内瑞拉所宣布的，菲德尔·卡斯特罗在古巴所代表
的，亦即 21 世纪的社会主义，是不允许存在的。1973 年 9
月，民主德国和联邦德国同时被联合国接纳。我们的外长
奥托·温策尔当时走上讲台，宣示所有成员国平等的原则
也适用于两个德国。温策尔要求所有其他国家都应尊重民
主德国的主权。民主德国就是这样坐上其席位的。但是短
短几天后，他对整个事态的评价是，如今这里的阶级斗争
只是形式不同而已。他把所谓的新政策描述为"旧毡鞋里
的新敌视"。其背后隐藏着西方世界的新动机，因为他们
看出，以往旨在孤立民主德国的老政策已经不起作用。联
邦德国和美国迄今为止所偏爱的即对那些尚未在外交上承

认民主德国的国家施加压力的做法，也不再符合国际法精神了。因此，他们开始寻找新的途径和方法，企图通往新路线并达成老目标。不过，时代的车轮是不会倒转的。至于对待古巴，他们正以新的力度继续遵循其昔日目标，即在古巴发展道路上设置障碍并重新控制该国。而古巴方面则理所当然地坚持主权，抵御西方的恶意诋毁。

如果一个德国政治家想对古巴谈什么人权问题，无论他属于哪个政党还是哪种政见，都必须扪心自问，在自己的国家曾经发生过什么。新纳粹势力正在崛起，在过去的十年里杀害了超过100人。在发生纵火和谋杀时，司法和警察或者无助地旁观，或者干脆把目光移开。德国情报部门特工人员拿着钱，主要目的不是打击新纳粹，而是为了让新纳粹势力保持活跃。在冷战时期对峙尖锐

德国－古巴友好协会的一个代表团向汉斯·莫德罗祝贺70岁生日。图片中央是2009年去世的德－古友协发起人之一莱因哈德·蒂勒

化时，民主德国和联邦德国之间的边境，同时也是北约和华约之间的边界，曾经有过死亡事件。但是，民主德国与波兰人民共和国之间的边境地区，在1990年之前从未有过任何一人死亡。不过，自1990年以来，也就是波兰加入欧盟之后，这里却死了100多人，因为他们试图作为移民者渡过奥德河和尼斯河进入欧盟。然而，这些消息既没有成为新闻标题，也没有引起巨大愤慨。在德国政治家试图充当凌驾于古巴之上的法官之前，或许首先应当戴着自我批评的眼镜审视一下自己家里的人权状况。古巴正在努力增强其国家稳定，并在国际大势中占据重要一席。许多人对此当然感到不舒服，于是这些势力就会继续对古巴采取妖魔化宣传、散布谣言、破坏稳定等伎俩。这是一种新的挑战，需要一种新的团结声援，一种质量更高的声援。

奥巴马和克里已经公开承认其古巴政策的失败。欧盟和德国政府虽然在行动上也已经承认，但是布鲁塞尔和柏林的执政者显然并不愿意公开承认。这样做并不能证明其主权和力量。为什么欧洲人这么难承认其错误？

国际外交的田野上，即使唯一的超级大国美国也避不开绊脚石。奥巴马和克里在各项声明中并没有批评美国失败的侵略政策，没有批评从美国发起的、针对古巴的、曾经造成数千人死伤的恐怖活动。美国政治家没有提到所有这一切。实际上他们公开承认的只有迄今政策的失败。事态表明，他们正在致力于创造外交关系的好天气，幸好这样做也是正确的。但是，几乎没有提到建立信任的措施。两国间还需要做出某些努力，以澄清某些法律问题。奥巴马多次谈到关塔那摩，但是仅仅局限于关闭那个受到全世界批评的监狱而已。那里的军营还没有撤销。归还占据的关塔那摩海湾乃是事情的核心，古巴有权提出法律诉求，未来必须就此进行谈判。从较长远的目光看，美国可能无法坚持其现有立场。例如，中国就已经恢复了对澳门和香港行使主权。长此以往，华盛顿究竟还能怎样解释其非法占据关塔那摩领土的理由？

至于欧盟，他们则有另一套游戏规则。不同国家的外交层面已经积极地提高，甚至提到最高层，例如法国和意大利。此举似乎是在刻意宣示：没有人可以规定我们同什么人说话、怎么样行事，我们的行为不允许任何人来限制。这样的态度以及由此产生的行动，创造了一种不同的气氛。欧盟迄今为止一成不变的立场开始引起审视，是否还应当继续其一成不变的态度而继续自我封闭？欧洲各国和欧盟整体与古巴之间的气氛开始发生积极变化。有的国家学习速度快一些，有的国家慢一些。即使在美国政策的阴影下，道理也很清楚：裹足停步于己不利。为此，必须自主思考、自主行动。

您如何解释美国与欧洲代表人物的不同表现？

我想从另一个视角来阐述这个问题。在不久的未来，就会有新的迹象显示。中国和俄罗斯，上海合作组织①和金砖五国，正在改变现实的力量对比，正在唤醒新的利益问题。中国和俄罗斯是核大国，印度也是。像拉丁美洲和加勒比海这样的经济区域，若不与美国和部分欧洲国家竞争，便无法在经济上驻足；若不强行贯彻本国利益，便无法赢得一席之地。自20世纪90年代结束以来，我们在世界其他地区经历了武力热战。如今已经开始了一场正规的经济战争，其起因实质上就是由不同的利益所驱动。

古巴本身并不是这一争斗的势力中心，但她现在是，将来仍将是拉丁美洲和加勒比海地区未来发展的一个重要部分。与拉美地区进行经济接触，若将古巴作为敲门砖就比较有效，而与古巴对峙就比较困难。欧盟与北约的联手——以乌克兰为例——在欧洲构成一种挑唆、煽动和刺激的力量。在叙利亚，德国联邦国防军参与了作战行动。在希腊，德国人的发言权依然很强势，紧缩开支的政策依然不断加码。这些事件表明，欧盟核心成员国所追求的并非民主、社会公平和公民权利，而是其帝国主义的利益。因此，古巴理所当然地、十分合法地宣布：我们的独立和主权绝不动摇。然而，欧盟三驾马车机构却要求希腊——如前所述——出卖他们的重要财富，不仅是国家财富，而

---

① 上海合作组织是2001年成立的国际组织，秘书处设在北京。截至2015年7月，其成员包括中国、俄罗斯、乌兹别克斯坦、哈萨克斯坦、吉尔吉斯斯坦、塔吉克斯坦。观察国成员为阿富汗、白俄罗斯、伊朗、蒙古、印度和巴基斯坦。为数众多的其他国家有兴趣与之合作。上合组织涵盖了世界人口的三分之一以上，因而是全球较大的地区性组织之一。

且也包括属于该国公民的财富，从而保障其猛兽般的资本主义能够保持所有贷款的利息以及利滚利。

因此我认为，每次观察古巴都必须兼顾全球化的世界。再来回答您的问题：美国对拉丁美洲和古巴有着明确的纲领。白宫曾经在 2014 年 12 月 17 日，即奥巴马同卡斯特罗进行谈话的那一天，发表了一项声明，其中有一句话："今天我们重申对整个美洲的领导权。"联邦德国和欧盟的拉丁美洲政策及古巴政策，多年来一直受到右翼政治代表的主导，如今，显然连他们自己都还没有考虑清楚，未来的对古政策究竟将朝哪个方向发展。

在 2016 年 4 月的古巴共产党第七次代表大会上，政治领导层中参加过马埃斯特腊山战役或猪湾战斗的那一代，大多数将不再担任领导职务。您曾经经历过民主德国的领导人换代，您认为古巴未来几代人将面临什么样的挑战和机遇？

对一个古巴的好朋友来说，即使这不是一个危险的问题，也是一个很难回答的问题。好朋友毕竟也是局外人。凡是自身没有承担责任、却又想提出建议的顾问，并不是一个很有助益的同时代人。早在第六次党代会期间和会后，有一点就已经很明确了：我们将进行新老换代。对我们人类来说，这是一个自然发展规律，即使作为革命者也无法回避。没有人能够长生不死。这句话的大意是那位大将说的，如今他是古巴国务委员会主席。

　　您问到我的民主德国经历。我认为对此的借鉴意义是有限的。但是，值得反思的经历恐怕还是有那么几点：在第二次世界大战结束、法西斯被战胜之后，一批人从法西斯的集中营和监狱里出来，或者从东西各地的流亡中返回，但是人数并不多。当时需要很多新人和年轻人，分别接管教育和文化部门从上到下的领导岗位、城市和乡村的权力岗位、司法和新成立的议会职位。他们必须在短时间内得到培训，之后必须努力赢得周围群众的信任。当民主德国 1949 年成立时，所有老干部和新干部都定人到岗。我们可以在实践中学，但是在预备阶段就必须承担个人责任。瓦尔特·乌布利希的倒台，是在苏联领导层的操控下进行的。后来，埃里希·昂纳克的领导权转交给了埃贡·克伦茨。我们在这些权力移交时错误地抱有一种信念：顶层换人了，但是内容和路线会完全正常地继承下去。

　　古巴在这方面有着自身的革命经验。菲德尔·卡斯特罗有过他的时代，劳尔·卡斯特罗有着他的十年时期，二人都得到了身边那些聪慧的、富有经验的、在我看来也有很强能力的干部的支持。新生代干部层出不穷，其能力也在奉职过程中不断提升。我并不是在玩文字游戏，而是真切地认为：这样做是为了新老换代的延续性，而不是根据喜好任意换马。当年这样的做法是适宜的、有效的，未来的人事安排就应符合新的时代条件。菲德尔、劳尔，以及现在或者下一阶段引退的许多领导人物，曾经为了古巴人民的独立、主权和尊严，手持武器与帝国主义进行了斗争，并卓有成效地捍卫社会主义制度长达 55 年之久。如今即将接班的下一代人，面临着艰巨的任务，其艰难程度并不低于以往。他们确实要经历全社会各个领域广泛的世代更替，要积极地塑造经济、文化、媒体和其他所有领域的新时代。

在回答您的问题时，我并不想回眼观望我们自己的行列。那个很愿意被人称为"母亲"的默克尔女士，把所有可能与自己竞争的候选人统统"逐出"了自己的行列。如今，她的党在抱怨默克尔的不可替代性。在资产阶级阵营里，发生的不是新老更替，而是权力争斗。美国的选举就很清晰地展现了这一点。

古巴与美国和欧盟关系的新时代，也对欧洲和德国左翼政治产生了影响。古巴能够成为这里左翼的榜样吗？还是说这一阶段已行将结束？

关于古巴革命进程及其现实化所产生的影响和效应，我们已经谈过好几个小时了。其间，我始终在努力避免使用"榜样"这个词。我认为这个词含有双重含义，它也可能带来负面效应。作为榜样，时刻处于必须满足他人期望、同时还要施教示范的压力当中。凡是接受了榜样称号、却又太少注意榜样作用应有特点的人，很快就会进入一再犯错的恶性循环。民主德国时期，就有一句时髦的口号产生过这种循环效应："学习苏联就意味着学习胜利！"如此一来，当时的很多事对我们来说就相当简单，轻轻松松地可以搞定一切。我们只需看一看苏联，然后就照搬苏联的做法。不过，乌布利希却做了一些令苏联人根本不满意的事。他当时越过了常规，在观察了特殊情况之后提出了一个问题：社会主义究竟是一个较长时间的独特进程，还是迈向共产主义的一个短暂过渡阶段？这个问题给他带来了麻烦。从实践和现实生活中产生的理论思考，往往要求挤压榜样的地盘。

汉斯·莫德罗在 2014 年 2 月在哈瓦那国际图书博览会上出席他的《改革》一书西班牙文版首发式活动

历史给我带来的教训是，看问题始终要保持批判性的、建设性的观察视角。在这方面，菲德尔·卡斯特罗始终做得非常好。当我们民主德国人——其中也包括我自己——当初还没有自主地对事件进行分析、还没有以批判性的目光进行探究时，就以为戈尔巴乔夫带来了一个新时代。这不是政治上成熟的表现。相反，菲德尔·卡斯特罗那时表现出的政治成熟，就远远超过我们。他始终对各种事件保持着批判性的距离。我们中的许多人，包括我自己，直到 1987 年才强烈地意识到一些问题。如今再来看戈尔巴乔夫的政策，无论你喜欢还是不喜欢，无论"叛变"这个词用在他身上是否恰当，都必须承认：戈尔巴乔夫在掌握政权的那一历史时刻起，就开启了苏联灭亡的命运。今天有关戈尔巴乔夫的讨论很多，包括我自己也曾经认为，是他推动了美苏两国就建立一个消除核武器的世界展开的谈判。所有这一切看法都有一种局限性：如果不是双方都意识到在核战争中没有幸存者这一现实，就不可能进行谈判。然而，我们今天仍然还活在拥有核武器的世界上。这一切表明，对某些事物必须进行认真的观察。崇尚榜样往往把事情搞得简单化，于是就产生了忽视独立思考的危险。不过有一点是肯定的，古巴的局势发展不仅对拉丁美洲地区，而且对世界其他所有地区左翼力量的讨论和行动继续产生着影响。

您认为未来对古巴的团结声援工作应当包含哪些任务？

古巴需要的是团结声援，声援的同时也可以增强我们自身的力量。团结声援有助于古巴，在实施声援的同时也可以把我们左翼力量汇合到一起，甚至整合到一起。我主张对古巴及其政策进行一次观察，观察的重点是考察其如何寻找革命进程的未来道路。声援的同时也是学习的过程，要求我们抱有边学习边改变自身的意愿，从而继续走革命的道路。我们欧洲左翼，应当更加坚定地为我们自己找到并踏上一条继续革命的道路。所谓的"转轨理论"很快就会成为空话，它与寻找出路根本就没有半点关系。但是，若想寻找一条旨在以激进的、革命的变革方式塑造欧洲的道路，就要求我们吸取古巴、拉丁美洲及其左翼力量的经验教训。

原民主德国国家人民军总参谋长
弗里茨·施特雷利茨：
美国扩大其军事存在对古巴
和拉美的和平构成威胁

为了更好地理解古巴和拉美局势的发展，似乎首先应当了解该地区的军事战略事件。施特雷利茨先生，首先感谢您愿意就几个相关问题接受我的采访。自 1971 年至 1989 年，您曾经担任民主德国国防委员会秘书，并于 1979 年至 1989 年还担任国防部副部长兼国家人民军总参谋长，与此同时也是华沙条约组织武装力量副总司令。在东西方冲突期间，拉丁美洲在军事上具有什么意义？

第二次世界大战结束之后，以美国为首的西方资本主义国家为一方，以苏联为首的欧洲社会主义国家为另一方，两方之间冲突的潜在危险不断增长。拉丁美洲被美国视为"后院"，无论从军事还是政治角度看，在东西方冲突中都不具备突出的意义。1947 年 3 月，美国总统哈里·杜鲁门在美国国会提出了后来以他名字命名的"杜鲁门主义"。自此，该主义的指导思想决定了美国的外交政策。

简而言之，其要义就是再也不允许社会主义扩大在世界上的地盘。起初具体是指镇压希腊、土耳其和伊朗的左翼运动。"杜鲁门主义"导致冷战的开始。1949 年 4 月 4 日，美国与西欧国家决定建立北约。作为对立一极，华沙条约组织于 1955 年 5 月 14 日成立。除苏联外，华约还包括阿尔巴尼亚（至 1968 年）、保加利亚、民主德国、波兰、罗马尼亚、捷克斯洛伐克和匈牙利。没有一个拉美国家成为两个军事联盟的成员国。因此，正如我刚才所说，起初拉丁美洲在我们的军事考量当中只占有从属位置。

古巴革命于 1959 年 1 月 1 日取得胜利之后，世界局势发生了变化。1949 年 1 月成立的经济互助委员会（经互会）于 1972 年接纳了古巴。为什么社会主义古巴虽然加入了经互会，但没有加入华约？

其背后的考虑是，如果我们把军事联盟扩大到美国的大门口，美国可能会将其视为攻击性行为。因此，我们虽然把古巴看作美洲的社会主义前哨，但在当时那么紧张的局势下，并不想为美国的军事行动提供借口。我刚才提到的"杜鲁门主义"，被视为 1823 年美国总统詹姆斯·门罗提出的"门罗主义"① 的发展。在"门罗主义"中，拉丁美洲实际上已经被宣布为美国的后院。1954 年，也就是在华约成立之前，

---

① 系詹姆斯·门罗于 1823 年提出，成为美国长期外交政策的基本原则，迄今仍然有效。门罗主义申明美国独立于欧洲列强，实际上是宣布南北美洲为华盛顿半球。美国威胁将对任何违背这一要求的行为实施军事干预。

美国中央情报局就在危地马拉组织了一场政变，推翻了被华盛顿视为社会主义者的、民主选举产生的总统哈科沃·阿本斯·古斯曼。由此可见，美国对自家后院的政治变局会做出何种反应。中央情报局的各次行动、针对古巴新生人民政权的恐怖打击，以及 1961 年发生在猪湾的入侵作战，统统被相对年轻的古巴革命武装力量、民兵和民众独立自主地予以击败。因此，在东西方冲突中，这些事件在军事上并没有多么紧迫的意义。华沙国家虽然在训练、技术装备和武器方面帮助过古巴军队，但是始终避免两大联盟之间发生直接的军事冲突。1962 年 10 月的古巴导弹危机，是苏联与古巴为一方、美国为另一方的冲突，而不是两大军事联盟之间的冲突。如果古巴是"友好、合作和相互支援的华沙条约"成员，导弹危机就可能演变为一起对我们联盟乃至全世界产生无法逆料之后果的防御案例。美国 1961 年 4 月在猪湾策划的入侵行动，已经在政治和军事上引起我们的思考，进而在 1961 年 8 月导致我们关闭了从波罗的海到黑海的边界。我们当时感觉到了美国和北约的威胁。可以这样说，尽管我们在军事上是谨慎的，但是政治上我们早在 1961/1962 年间就向古巴人民和军队展示了团结声援。国家人民军当时曾以多种形式表达声援。

当华约解散时，有人认为如今进入一个永久和平的时代了。然而，今天的战争不是少了，而是多了，而且其破坏性后果超过以往。您对这一局势的发展感到失望吗？

是的，因为战争冲突对直接涉及者乃至全世界人民来说，都会产生更多的贫穷、困境和痛苦。是的，因为欧洲今天的难民就是战争冲突造成的。是的，因为战争冲突也造成了极其危险的右翼势力的增长，危及许多欧洲国家的内部和外部安全。另一方面我必须说明，我本人对此并不感到惊讶，因为我从来没有幻想过所谓的永久和平时代。两大军事集团的存在，曾经保障了欧洲40多年的和平。尽管在世界其他地区发生过战争，例如朝鲜、越南和阿富汗的残酷战争造成了数百万人的牺牲，但是两大集团直接对峙的欧洲，在此期间却幸免于战火洗劫。在华约解散后，北约将其势力不断向东推进。自从南斯拉夫遭到袭击后，战争又成为欧洲的日常生活。我担心，乌克兰的例子表明，帝国主义列强的侵略性欲望仍然没有得到满足。

在我们转向其他题目之前，我很想知道您是何时开始与古巴军事领导人接触的？当时的起因是什么？您当时对古巴军事领导人留下了什么印象？

1965年11月，我奉国防部长海因茨·霍夫曼之命，组织和接待古巴武装力量作战部长的来访，他实际上就是我的古巴同行。于是，菲德尔·卡斯特罗和劳尔·卡斯特罗兄弟的老战友、"革命司令"荣誉称号享有者安东尼奥·埃里克·卢松·巴特勒（Comandante Antonio Enrique Lusson Batlle）及其上尉军官夫人，于当月月底抵达柏林，开始为期8天的访问。古巴国防部长劳尔·卡斯特罗委托他了解民主德国国防部指挥体系以及我国的边境安全系统。

战友之间的友好谈话

古巴是一个岛国，没有直接的陆地边界，有什么可借鉴？

美国仅仅在几年前刚刚借助其雇佣军入侵了猪湾。导弹危机清晰地留在人们记忆当中。在这样的态势下，美国正在其占领的关塔那摩港①扩大军事存在。我国有一条或许是全世界最危险的边界线，也就是北约和华约之间的边界线。古巴人希望考察我们的经验，以保障古巴东部被美国占领的关塔那摩海湾边界地带的安全。卢松司令做了出色的准备，提出了很多问题，在我们安排的会谈中与边防部队代表进行了充分的讨论，并详细考察了我军军事指挥

---

① 1903 年，两国就 117.6 平方公里的关塔那摩湾签署了为期 99 年的租借协议。根据协议，美国"只能将其用作煤炭装卸站和海军基地，不得用于其他目的"。1934 年，该协议在同等条件下重新签署，美方要求该基地的租用期限不作限定，"直至协约双方就协议修改内容达成一致意见"。古巴革命胜利之后，古巴政府认为上述两项协议均属非法无效，因而拒绝接受租金。

体系的组织机构。在我国国防部长海因茨·霍夫曼大将举办的欢送招待会上，这位古巴客人赞扬了他在访问国家人民军期间感受到的丰富、坦诚、热情的气氛。1966 年 1 月，我方收到了劳尔·卡斯特罗的一封感谢信，信中询问，作战部长弗里茨·施特雷利茨少将和情报部长格奥尔格·赖曼少将是否能够前来古巴，现场帮助古巴同志落实其在民主德国积累的知识。1966 年 4 月，我第一次前往古巴，得以在访问期间用两天的时间，亲身了解关塔那摩海湾的边界安全系统。借助这一安全系统，可以明显降低并有效控制从美军基地向古巴领土发起的袭击和伤害。由于对方能够极为清晰地实施观察，因此我们在边界逗留期间都身穿古巴军装。随着埃里克·卢松访问柏林和我们的回访，古巴革命武装力量与国家人民军之间开始了深入的合作。顺便说一句，我直到 50 年后的今天，还与享有"古巴共和国英雄"称号的埃里克·卢松中将保持着友好的密切接触。

观察关塔那摩海湾的美军基地

能不能向我多透露一些 1966 年初次访问古巴时的细节？

当格奥尔格·赖曼少将和我打算 1966 年 4 月第一次访问古巴革命武装力量①时，一开始并不那么简单，因为当时柏林与哈瓦那之间没有直达航线。为了前往古巴，必须先飞到布拉格，然后从布拉格飞往北爱尔兰，再从那里转飞加拿大的甘德，最后才能继续飞往哈瓦那。我们在哈瓦那得到卢松司令和总参谋部代表的欢迎，并被安顿在军队的一个招待所。听起来好像很奇怪，但是我们当时所做的第一件事确实是把便衣换成了人民军军装，因为我们在加拿大过境时因其北约成员国地位而不能穿军装。

你们当时见到了菲德尔·卡斯特罗或劳尔·卡斯特罗吗？

是的，两人都见到了。我们逗留的第二天就受到了国防部长劳尔·卡斯特罗的接见。会谈十分热情，兴趣盎然，大概持续了两个小时以上。他向我们介绍了古巴的现实情况和我们的访问日程。我们还访问了哈瓦那军官学校、一个部队训练场、总参谋部，此外，正如刚才说过的那样，我们还参观了针对美军驻关塔那摩海湾军事基地的边防设施。在结束了这些非常有趣但也十分紧张的日程之后，主人还邀请我们去了巴拉德罗。当年的巴拉德罗，与今

---

① 古巴原文是 Fuerzas Armadas Revolucionarias de Cuba，详情参阅 http//www. cubadefensa. cu 网站。

天许多来访者认识的那个度假胜地完全不一样。当时的巴拉德罗，总共只有860张床位，仅仅计划满足华约军队成员的住宿需求。当时根本就没有旅游者。如今，巴拉德罗已经拥有数万个宾馆床位和接纳世界各地游客的私人宿营地。

与菲德尔·卡斯特罗的会谈足足持续了两个小时，留在了我的特殊记忆中。在我们访问的最后一天，他与劳尔·卡斯特罗一同接见了我们。我们向他报告了访问情况、与古巴同志的合作情况，并感谢了主人的好客。菲德尔·卡斯特罗一个劲地提问题，想知道我们在古巴察觉到哪些与民主德国的不同之处。我对他描述说，给我留下深刻印象的是战友之间的关系、乐观主义态度、对党和国家的信任等。在菲德尔继续追问下，我猛然想起：显然所有古巴人的血液中都流淌着韵律——从小孩子到老奶奶——只要一听见音乐就会翩翩起舞。菲德尔微微一笑，他的回答让我终生难忘："如果所有古巴人的工作都像跳舞那样出色，我们就能真正卓有成就地建设社会主义了。"

除此之外还留下了哪些难忘的印象？

第一次对这个美丽的加勒比海岛国进行访问时，许多经历就给我留下了深刻的印象，令我始终铭记在心。例如，交往当中的团结气氛、快乐、乐观、自豪、尊严，这一切都洋溢在人们的脸上。尤其令我印象深刻的是，大多数古巴人都很简朴，有些人生活窘迫。尽管如此，他们总是表现出推动古巴向前发展的不屈意志。印象最持久的当然是与菲德尔·卡斯特罗和劳尔·卡斯特罗的会见。我从第一次访问开始就成为古巴的真正朋友，而且至今仍然未变。

朋友之间的欢迎：劳尔·卡斯特罗与弗里茨·施特雷利茨

迄今为止您一共去过几次古巴？

从 1966 年至 2015 年，我有幸总共访问古巴共和国 19 次。在这些访问期间，我十分荣幸地 3 次得到菲德尔·卡斯特罗的会见，并与劳尔·卡斯特罗会见了足足 20 次。每次会见都给我留下了深刻印象，而且受益匪浅。每次踏上前往这个社会主义加勒比海岛国的征程时，我的内心都怀着巨大的喜悦，充满了期待，因为我知道，在那里等待我的是同志和战友，其中有些与我已经建立了 50 年的亲密战友情怀。每次访问期间，我们都会充分利用时间深入交换看法。

您刚才说，古巴军官 1965 年访问民主德国和您 1966 年回访古巴时，民德国家人民军和古巴革命武装力量之间开始了合作。究竟是一些什么合作？

1966 年访问之后，我们对古巴朋友在训练军事干部方面定期给予有益的帮助。这种帮助当然是无偿的，建立在团结基础之上。即使在 1989/1990 年间，还有 128 名古巴军官生在国家人民军教育机构内学习，其中 118 人在位于普罗拉（Prora）的专门训练外国军事干部的"奥托·温策尔"军官学校，10 名在位于施特拉尔松的人民海军"卡尔·李卜克内西"军官学校。自 20 世纪 70 年代起，我们两军之间也交换休假团，当然最重要的还是在两军之间深入交流经验。每年两军各派出 2 ~ 3 个代表团互访。近十多年来，我与第一副部长兼总参谋长阿尔瓦罗·洛佩斯（Alvaro Lopez Miera）建立了深厚的友谊。

民主德国与古巴之间的军事合作效果如何？您能不能举一个例子略微详细地加以说明？

1972 年 6 月，菲德尔·卡斯特罗首次访问民主德国。1974 年 2 月，埃里希·昂纳克回访。昂纳克回国后把国防部长海因茨·霍夫曼和我叫去开会。他向我们介绍了他与菲德尔·卡斯特罗的谈话内容，并转达了古巴方面的一个请求。菲德尔·卡斯特罗听说民主德国在国防方面走出了一条自己的路子，没有依赖苏联，他说古巴对此很感兴趣，希望从中汲取有益知识，为本国国防提供选择。毕竟民德和古巴都是小国，两国同样都受到持续的威胁，还有许多其他的共同点。因此，卡斯特罗请求昂纳克，允许古巴军队总参谋部的专家来民主德国，就地了解我们在国土防御和整体国防方面的方案与措施。昂纳克委托我们，以国防部的名义邀请并组织接待一个古巴代表团。他十分重视此访，要求我们对古巴同志坦率、真诚地介绍情况，并提供一系列富有说服力的资料，例如有关国防委员会机构、专区和县乡作战领导体系、边防与民防体系、工人阶级战斗队等对方感兴趣的情况。来自古巴的四人代表团，在一周访问之后十分满意，对情况介绍表示感谢，认为这对加强本国国防的思考提供了良好的基础。我通过后来对古巴的访问得到确认，古巴人接受了我们的很多经验。此外，还有一些个人接触意外地唤醒了 30 多年前的回忆。2006 年 4 月，当我随原民德国防部长海因茨·凯斯勒访问哈瓦那军事学院时，那位中将院长十分友好热情地欢迎我们，他居然是 1974 年来民德访问的那个军事代表团的团长，当时还是一位年轻的上校。

您也担任过华约武装力量副总司令。据说古巴曾经单独对非洲的民族解放运动提供过国际主义援助，并且用的是自己的经费，此事确切吗？

是的，古巴支持过安哥拉、埃塞俄比亚、莫桑比克和纳米比亚等国的民族解放运动。在 1975 年至 1991 年间①，古巴武装力量数十万名军人曾经在非洲战斗，协同抵御南非种族隔离政权的进攻，数万名古巴国际主义者没能够从战斗中生还。这些牺牲只由古巴人民所承担。除了极其宝贵的生命付出以外，古巴也独自承受了大多数物资负担。安哥拉首都罗安达距离哈瓦那要比莫斯科更远，相差一个飞行小时。古巴革命武装力量的军人及其大量军事器材，包括民事援助人员——医生、护理人员、护士、教师，也有建筑工人——都是用古巴商船队的舰船运输到距离八千乃至上万公里的作战地域。一切费用都是古巴承担的。苏联舰船从未运输过哪怕一个营的兵力。社会主义阵营内没有一个国家像古巴这样慷慨地提供国际主义团结声援——无论是人员还是物资产品。当最后一支古巴部队撤出安哥拉时，东欧社会主义国家已经沦亡，苏联则于 1991 年 12 月崩溃解体。在这一特殊时期，古巴初时不仅要面对由此产生的生存危机，而且还要承担回撤运输的高额费用。

您刚才提到了欧洲社会主义国家的沦亡，其中也包括民主德国。您在此后仍然保持了与古巴伙伴的经验交流？交谈中主要涉及什么问题？

我们的接触没有中断。自 1998 年起，劳尔·卡斯特罗

---

① 在安哥拉内战各方签署了和平条约之后，最后一支古巴部队于 1991 年撤出了安哥拉。

时常邀请其民主德国的老战友访问古巴。其中包括原国防部长海因茨·凯斯勒、原人民教育部长玛尔戈特·昂纳克、原边防部队司令克劳斯－迪特尔·鲍姆加滕和我这个原总参谋长、国防委员会秘书。我们同劳尔·卡斯特罗及其夫人比尔马·埃斯宾[①]——遗憾的是已于 2007 年逝世——常常畅谈几个小时。对我们来说，回答劳尔·卡斯特罗、比尔马和其他领导同志的问题并非易事。提出这些问题的动机是可以理解的——在我看来也是合理的。在此我想举几个例子。一再提到的问题是，民主德国当年的局势为什么会发生这样的变化？具体真相究竟是什么？古巴同志不能理解的是，政治局在对民主德国形势的看法上为什么没有统一的立场？他们也想知道，国家安全部当时起的是什么作用？莫斯科和苏军西部集群[②]究竟扮演了什么角色？一个核心问题不断冒出来：民主德国 40 万武装力量为什么没有出面保卫社会主义？

尽管还有许多问题找不到答案，但是在经过无数次讨论之后，古巴的领导干部从我们民主德国的错误中得出了一系列结论，我想把它归纳为以下 6 点。

①党和国家机器的领导干部不应年龄过大。

②党和国家机器的任务分工必须明确界定。

---

① 比尔马·埃斯宾·吉洛伊斯 1930 年 4 月 7 日出生于古巴圣地亚哥一个显贵的富裕家庭，1952 年加入革命抵抗小组，自 1955 年开始其属于菲德尔·卡斯特罗创建的"七·二六运动"。埃斯宾是革命家、国务委员会成员和古巴共产党中央委员，2007 年 6 月 18 日逝世前一直担任古巴妇女联合会主席。

② 1988 年起，包括 1991 年苏联解体之后，直至 1994 年俄罗斯军队撤出德国，苏联武装力量驻德集群的正式名称改为西部集群。

③在对青年人尤其是大学生的教育中，必须加强政治与爱国主义的宣讲工作和信息工作。

④应当加强捍卫独立、主权的教育和捍卫古巴社会主义宪法的教育。

⑤应在大众媒体中就外国操纵"雇佣军"破坏本国稳定的活动展开公开讨论。

⑥应对民众绝对诚实和坦率地宣传成就，同时也要公开说明并讨论失败、缺陷和错误。

根据我的印象，上述结论目前已经在古巴的日常生活中逐步转化为实践。

这些都是政治思考。在您的认知上，肯定也对军事战略结论感兴趣。如果确实如此，古巴应当从社会主义阵营的崩溃中吸取什么军事战略教训？您了解这方面的情况吗？

古巴面临的最大军事威胁来自美国。古巴社会主义政府对此始终能够应对，不仅在政治上，而且在军事上。但是，社会主义阵营的崩溃和苏联解体，对古巴构成了新的军事战略态势。尽管古巴并不是华约成员，但是昔日的平衡对古巴而言也是某种保护。如今，这个社会主义岛国突然在军事问题上陷于孤军作战。过去的防务条令，自20世纪90年代开始就失效了。

根据"革命总司令"菲德尔·卡斯特罗的指示，总参谋部起草了一部新的防务与安全条令，名称为《大众人民战争军事条令》。其主要观点如下。

①坚决捍卫古巴领土，直至流尽最后一滴血。

②必须消灭所有入侵之敌，无论他来自海上还是空中。

③每个古巴人即使在和平时期也要时刻准备承担战时任务。

④为了做好持久游击战的准备，必须在沼泽地和山上预设支撑点并储存充足物资。

⑤为了保护全体国民，必须在山中预建防护区域，预设抵御炸弹和导弹袭击的掩体。

在新军事调整过程中，古巴武装力量大幅削减和改组，并立足于人民战争，换言之，武装力量转向为机动作战和游击战模式。为此，大部分武器系统都安置在机动运输工具上。在实行新军事条令后，该国 126 个防御区域在每个月的最后一个星期六举办"国防战备日"活动。此外，古巴军事专家还学习了越南人民军抗击美国侵略者的经验。古巴与越南和中国如今保持着非常密切的军事合作，与俄罗斯的关系近期也重新获得进展。

此外，在民众当中拥有很高威望的武装机构，在 50 多年行为准则的规范下，其自我形象给人以深刻印象。这一行为准则是菲德尔·卡斯特罗早年为山区游击战士、革命胜利后为人民军队所有官兵制定的，包含以下纪律。

·见到每一个居民都要打招呼。

·在任何情况下都不允许没收居民的猎枪。

·在居民家中未经付钱不得吃喝。

·在任何情况下不要与居民的女人胡混（早先强奸行为将被判处死刑）。

在革命胜利后，古巴历史上首次进入一个阶段：军队和警察中穿制服者不再被视为压迫者，而被看作人民的一部分。

德国媒体很愿意详尽报道所谓的古巴持不同政见者的任何言论和任何行动。施特雷利茨先生，您把这些人称为"雇佣军"，为什么？

雇佣军的定义是指那些为了钱而在外国军队中服役者。被德国媒体和政治家媚称为古巴"反对派"的那些人，几乎所有都是这类人。在古巴，确实有人对社会体制或个别政治决策不满意，这些人至今仍然可以不加粉饰地提出批评，丝毫也不会遇到麻烦。没有一个国家会像古巴那样活跃、热烈地进行辩论和讨论。古巴媒体逐渐开始公开地报道弊端。在古巴，如果一个政治家或官员被证实腐败，就会被追究责任，而不像在我们欧洲常见的那样，反而会在赞扬声中被提拔到更高职位。此外也有一些人，他们从美国情报机构、从好战的或恐怖性质的流亡古巴人抵抗组织、从所谓的非政府组织或外国政党基金会那里获得经费，在古巴实施颠覆活动。这样的人在德国被称为"持不同政见者"，也就是"有某种政治倾向者"，客观讲这样的做法是错误的，是故意的轻描淡写。他们的所作所为，是出于个人利益。他们从古巴的强有力对手那里获得经费，其目的是推翻社会主义社会制度。因此我必须指出事情的真相：凡是有这种行为者，就是雇佣军成员。

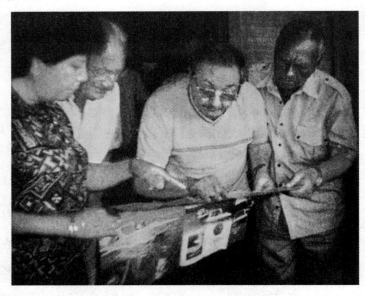

海因茨·凯斯勒和弗里茨·施特雷利茨在与劳尔·卡斯特罗研究地图

当经验丰富的航海家克里斯托弗·哥伦布 1492 年 10 月第一次发现古巴时，他把这个岛称为"通往新世界的钥匙"，因为它位于大西洋和加勒比海的中央位置。300 多年后，美国总统托马斯·杰斐逊①针对这个当时的西班牙殖民地指出："如果我们占领了古巴，我们就会成为加勒比海的主人。"为什么从军事角度看古巴这么重要？

---

① 托马斯·杰斐逊是美国第三任总统，任期为 1801～1809 年，他在谈到古巴时称："这个岛是我们合众国体制最为重要的利益补充……如果我们占领了古巴，我们就会成为加勒比海的主人。"

　　哥伦布和杰斐逊当时是怎么想的，我当然不会知道。但是，无论从贸易通道角度还是军事角度看，这个岛的地理位置都有几分特殊性。古巴位于美国和墨西哥之间大约半程的中途，其北南两边海岸都有处于良好防护下的海湾，且拥有足够水深，是天然良港。这个岛是美洲、欧洲和亚洲之间海上交通理想的枢纽站。西班牙曾经据此占领了整个中美洲和南美洲。对美国来说，古巴后来不仅是上层的万人显贵阶层的娱乐岛、风月之地和黑社会天堂，而且也是一个有助于美国将该地区控制为后花园的重要军事基地。

　　在西班牙与美国为争夺该地区的控制权和通往亚洲市场通道的战争中①，美国人获胜并占领了古巴。列宁写到②，这是"帝国主义对已经瓜分的世界重新分配的第一次战争"。1903 年 2 月，美国占据了关塔那摩港湾。9 个月后，美国占领了当时还属于哥伦比亚的巴拿马省，并宣布其为一个独立国家。1914 年，在那里开放了连接大西洋和太平洋的运河，这条运河直至今日仍然位于华盛顿的军事控制下。这个军事基地和这条运河对美国具有什么样的战略意义？

---

① 在 1898 年 4 月 23 日至 8 月 12 日的美西战争中，西班牙失去了其最后一个重要的殖民地。战争以美国占据古巴、波多黎各、关岛和菲律宾告终。

② 弗拉基米尔·伊里奇·列宁《帝国主义是资本主义的最高阶段》一文，见柏林迪茨出版社 1967 年版《列宁选集》第一卷第 761 页。

与我回答的上个问题相关联。首先，关塔那摩海湾可以作为军舰的燃料站和补给基地。① 由于美国自大约 1900 年以来不断增加在该地区的经济和军事活动，所以缩短航道也成为这一军事基地重要性的原因之一。美国军舰可以更快地驶抵拉美和南美的任何作战地点。该基地拥有一个可停泊 42 艘军舰的港口，还有一个机场和数个大型军营设施。随着美国经济和军事存在的扩大，及其将势力范围扩展到亚洲之野心的膨胀，缩短海上航线关系到战略利益。巴拿马运河通道可以满足这一目的，可节约燃油料和时间。当然还有一个决定性的军事论据：巴拿马运河迄今实际上一直处于美国的控制之下。这是一个不容忽视的优势。

在尼加拉瓜，计划于 **2019** 年建成一条联通两大洋的新运河，并于 **2020** 年通航。这条运河将比巴拿马运河深一倍，也宽得多。其业主是一个中资财团，俄罗斯也承诺为该项目提供军事保护。根据您的经验，五角大楼的战略家将会对此产生何种顾虑？

从他们的角度看，这肯定是一个令人担忧的场景，必

---

① 见本文第 5 页的注解：1903 年，两国就 117.6 平方公里的关塔那摩湾签署了为期 99 年的租借协议。根据协议，美国"只能将其用作煤炭装卸站和海军基地，不得用于其他目的"。1934 年，该协议在同等条件下重新签署，美方要求该基地的租用期限不作限定，"直至协约双方就协议修改内容达成一致意见"。古巴革命胜利之后，古巴政府认为上述两项协议均属非法无效，因而拒绝接受租金。

须对此做出自我调适。新运河建成后，美国最终将失去对两大洋之间航线的控制权。对运营者和使用者来说，首先可以带来经济上的优势：例如，来自亚洲的大型集装箱船只可以更快地抵达巴西、委内瑞拉、阿根廷、乌拉圭的港口，或者美国和加拿大的东海岸。对海上武装力量来说，当然拥有同样的优势，例如中国和俄罗斯海军可以在当今态势下赢得巨大优势。诚然，我并不知道五角大楼会得出什么具体结论、采取什么措施，但是他们想必会应对这一变局，采取军事上的调整措施。

此外，哈瓦那以西的马列尔湾在巴西的帮助下，于2014年1月开始建造加勒比海地区最大的深水港口。它将成为亚洲、美洲和欧洲之间日益增长的贸易航潮的中转平台。古巴此举会不会自动地重新成为美国军方更多关注的焦点？

据我所知，马列尔湾港口的扩建主要是出于经济缘由。如果几年后最新一代集装箱船只能够驶过尼加拉瓜新运河，就能在马列尔港找到足够水深的港口及其相应的设施实施转运。届时，马列尔就真的可以成为中转平台，古巴则可以成为海上交通在美洲大陆最重要的选择之一。值得关注的是，参与尼加拉瓜和古巴两大项目建设的有金砖五国中的三个国家，即巴西、俄罗斯和中国。因为美国既不能控制尼加拉瓜的运河，也不能控制古巴的港口，这一变局从军事角度看可能会危及美国在该地区的统治地位。

哈瓦那与莫斯科已经就俄罗斯格洛纳斯卫星导航系统（GLONASS）在古巴建立地面站达成协议。巴西和尼加拉瓜也将建 GLONASS 系统地面站。中国同样对其北斗导航系统的地面站建设感兴趣。北斗系统 2020 年将投入运营，其精确度将超过美国军方主导的 GPS 导航系统。究竟这仅仅是经济竞争还是另有战略意图？

这里也有双重因素。首先，卫星导航系统因为运用于轮船、汽车，也包括数百万手机上，所以形成了一个巨大的生意场。俄罗斯和中国在拉丁美洲和南美洲扩大其系统，对迄今为止处于独霸地位的美国来说，无异于在自家门口搞竞争。正如您所说，美国的 GPS 系统是美军开发并控制的。因此，美国军方可能随时加以操控，使得其他用户无法正确定位和导航。这种手段已经多次在军事行动中实际运用过。在中国和俄罗斯的导航系统建起之后，美国军方将失去其迄今在这个领域的大部分地盘。

巴西、俄罗斯和中国，与印度和南非一起组成了所谓的金砖五国。近年来，金砖五国在拉丁美洲和古巴的地位得到了系统的扩张。2015 年 7 月，金砖五国首脑在俄罗斯城市乌法会晤，之后又召开了上海合作组织会议。除俄罗斯和中国以外，上合组织还包括成员国哈萨克斯坦、乌兹别克斯坦、吉尔吉斯斯坦、塔吉克斯坦，以及观察员国阿富汗、伊朗、蒙古、白俄罗斯、印度和巴基斯坦。俄罗斯总统弗拉基米尔·普京在乌法建议，金砖五国、上合组织和同样也在那里开会的欧亚经济联盟应当共享资源。这个联盟的所有成员都赞成建立多极世界秩序，反对美国的霸权主义要求。由于上合组织的大多数成员同时也是由俄罗斯主导的国际军事联盟"集体安全条约组织"（OVKS）的成员，因此有几位美国战略家将此视为抗衡北约的新军事同盟。美国人是不是等于把这些国家宣布为敌手？

按照西方军事家的逻辑，北约确实把所有抗衡对象视为威胁。美国和欧盟代表的是一个以唯一超级大国美国为首的单极世界。北约的任务是在军事上保障这一单极世界的生存和安全。然而在这一问题背后，还隐藏着另一个问题，也就是未来可能发生的大规模冲突问题。许多专家担忧以美国为一方与以中国和俄罗斯为另一方的对峙。古巴在这里只起到一种间接的作用，因为她在与拉丁美洲和加勒比海其他国家的关系方面占据着关键位置。这些国家与古巴的良好关系，对金砖五国进入拉美颇有帮助，而美国则因对古巴的封锁和攻击越来越遭到孤立。古巴、拉丁美洲和南美地区大多数国家都致力于建立多极世界秩序，因而成为中国和俄罗斯的盟友，成为北约的潜在对手。

2015年7月1日，美国军方四年来第一次公布了其战略报告。在伊朗和朝鲜民主主义人民共和国之外，报告还将俄罗斯和中国列为"对国家安全利益构成威胁"的国家。参谋长联席会议主席马丁·邓普西称，美国与一个大国开战的可能性"微小但正在增长"。援引邓普西的原话：

在劳尔·卡斯特罗的办公室里合影

这样的一场战争将有"不可估量的"后果。从拉丁美洲一些进步政府与俄罗斯和中国的密切联系中，可以得出什么样的军事战略结论？

我在回答上一个问题时已经提到，美国和北约把拉丁美洲各进步政府视为对手。您刚才描述的背景情况清楚地表明，华盛顿针对拉美左翼政府的积极行动，并不是完全取决于哪些势力在一个国家执政。当美国提到与一个大国开战的可能性时，更多是为了排除其可能的盟友。为达此目的，拥有不同的可能性。如果不能成功地通过政权更迭将一个国家拉入自己的阵营，或许通过破坏、暴力、内战和摧毁经济的手段就足够了，从而使敌人的那些盟国因困难重重而失去意义。如今拉丁美洲许多左翼政府正在面临这样的局势。华盛顿一如既往地竭尽全力，试图在每一个拉美国家中培植亲美政权，或者——如果不能如愿——至少促使那些对美国持批评立场的政府向中立化转变。当然，美国同时也始终围绕着它的重要战略路线，那就是立足于可能与一个大国展开战争冲突而预作准备。

根据石油输出国组织（OPEC）的数据，委内瑞拉拥有全世界最大的石油储量，玻利维亚拥有世界最大的锂矿藏，古巴则拥有仅次于澳大利亚的第二大镍矿藏。在美国的军事考量中，获取这些资源的通道具有什么意义？

这是又一个要点。在近十年的帝国主义战争中，其目的或者是为了改变地缘战略地位，或者是为了能源，大多数情况下是二者兼顾。在刚才提到的那些国家中，地下资源，也就是能源，都已经实现了国有化。攫取能源是伊拉克战争和利比亚战争的助燃动力。首先是那些跨国的巨型康采恩对能源最感兴趣。与此同时，美国的军工联合体也对拉丁美洲的能源抱有巨大兴趣。石油、锂和镍对蓄电器、电池和钢铁的生产均是不可替代的、十分珍贵的、令人垂涎的能源载体。

华盛顿在昔日的自家后院已经大大失去了政治和经济上的影响力，但在该地区仍然占据军事上的主导地位。在拉丁美洲和加勒比海地区，分布着 70 多个美军基地。五角大楼真的会担心失去其主导地位吗？

美国以巨大优势占据全世界军事预算的首席位置，其年度军费超过 600 亿美元，相当于 537 多亿欧元。也就是说，美国每天用于军事的开销约为 1.5 亿欧元。他们在全世界接近 40 个国家维持着 700 多个军事基地。根据美军自己提供的数据，其他国家正在运营的所有军事基地中，有 95% 控制在美军手中。根据瑞典斯德哥尔摩国际和平研究所（SIPRI）列出的清单，美国多年来在国际军火贸易上也无可争议地占据首位——占有世界市场的 30.3%。通过基地租用合同、军火产品供应以及与此关联的人员训练，美国在相关国家的政治、军事和经济影响力都在提升。美国战略家们认为，俄罗斯目前已经构不成威胁，未来的注意力必须投向中国、东亚及太平洋地区和阿拉伯世界。事实上，美国在中南美洲的军事存在也拥有压倒性优势。美军也可以通过无人机侦察、间谍机飞行和卫星监视等手段，对那些没有军事基地的国家进行监控。尽管美国拥有无人机潜能和军事优势，但是大多数拉丁美洲国家如今仍然选择了华盛顿并不乐见的道路。这并不是左翼运动带来的军事成就，而是因为左翼观点说服了该地区的更多人。我们通过几个事例已经看清，美国尽管不断增强军备，但在该地区的战略地盘正在丢失。这样的态势会带来更多危险。

2008 年 7 月 1 日，在美国总统乔治·W. 布什的任期结束半年前，美国海军已经淘汰 60 年的第 4 舰队重新开始执勤。该舰队的作战区域是加勒比海以及中南美洲。第 4 舰队隶属美军南方司令部舰队。您认为美军重建第 4 舰队的战略考虑是什么？

我已经说过，尼加拉瓜运河和马列尔港口使美国失去了对海上航路的主导权。重建第4舰队肯定与此有一定关联。其目的是争夺控制权，以保障贸易和补给通道，当然也是为了重新赢得军事主导权。美国军方的一个声明导致阿根廷政治家的严重不安，根据这一声明，第4舰队"将更多地在棕色，而不是传统的蓝色海域行动"，也就意味着更多地在江河而不是公海作战。美军士兵报纸《海军时报》指称"这是针对南美洲江河的非常规系统"。也就是说，该舰队可能也谋求在拉丁美洲内部开展作战行动，并实施全面的军事控制。

2015年5月初，美军南方司令部向洪都拉斯、危地马拉、萨尔瓦多和伯利兹派驻280名海军。在提及其使命时，仅寥寥数语：该特种分队将在该地区针对江河和内陆水域的海军作战和行动预作准备，并训练"小分队"作战样式。众所周知，这个海军陆战队曾经作为"标枪头"参加了美国策划的所有入侵、政变和战争行动。[①] 拉丁美洲各进步国家应如何防御美国的军事威胁？

[①] 美国海军陆战队在全球实行海基作战行动，以维护美国利益。其条令中规定的使命是："陆战队应在组织、装备和训练方面达到协同海军舰队实施诸军种联合作战勤务，并可在辅助之航空器的协同下时刻待命，为占据或防御前沿海军基地、实施地面作战给予关键性保障。"1989年发表的各军种基础条令《机动作战》中规定："机动作战是一种战争实施学说，旨在以迅猛、集中和出敌不意的作战进程，一举击毁集结之敌，以避免态势的进一步恶化，从而使敌无法控制局势。"

古巴的例子已经表明，最强大的武器乃是全民动员。古巴国家领导人——无论是在菲德尔·卡斯特罗还是劳尔·卡斯特罗的领导下——迄今为止一直能够成功地动员大多数民众，共同抵御美国和反革命势力的每一次进攻。委内瑞拉、玻利维亚、厄瓜多尔、尼加拉瓜等国家的进步政府，也在尝试全民动员的做法，并已积累了这方面的经验——例如 2002 年，由右翼势力和美国情报部门组织的企图推翻乌戈·查韦斯总统的政变①，被成功地挫败。但是，在如今那种持续的、海量的、在国际协调下大肆散布谣言破坏稳定的宣传条件下，维护稳定的难度很大。例如，这些国家的公众媒体在很大程度上受到私人媒体公司的影响，而这些康采恩统统掌控在右翼寡头的手中。为了保卫进步政府的建设成果，当然也必须加强有效的、出色的宣传教育工作，并增强抵御能力。有关这方面的问题，您可以向更加熟悉情况的专家去了解。

帝国主义国家、多国康采恩和地区寡头政治之间相互协调，在地中海区域、北非和中东发起的战争行动，导致了史无前例的大规模难民潮，引发了人道主义危机。如今，危机已经向欧洲全境扩散。迄今为止，美国一直避免在自家门口发起战争——或许也是为了不让自家所在半球

---

① 2002 年 4 月 11 日，右翼反对派和部分寡头在美国的支持下发动了企图推翻民选总统乌戈·查韦斯的政变。由于全国数百万反对政变的群众起来示威，而且大多数军方人士忠诚于宪法，因此导致政变失败。2002 年 4 月 13 日，查韦斯在欢迎凯旋的群众队伍的簇拥下返回总统府。

陷入类似的态势。如果不想引发一场热战，就可以理解美国当年为什么以如此暴力方式进军拉丁美洲了吗？

按照美国人自己的观点，他们迄今已经打赢了三场世界大战。作为第一次世界大战的战果，美国以"大国"角色登上了世界舞台。第二次世界大战后，美国成为北约顶层的"超级大国"。冷战使美国越来越自信地以幸存的"唯一超级大国"自诩，并把自己视为"世界的领导国家"。由于目前世界上没有一种力量能够阻止美国的政策，因此美国政府越来越嚣张地凌驾于联合国及其安全理事会之上。美国整个制度的基础，建立在政治和军事实力与优势的炫耀之上。美国军方可能会回答您说，他们的军事存在是为了避免冲突升级。近年来的经验却证明效果是相反的。凡是美国扩大其军事存在之处，无论阿富汗还是伊拉克，根本就不会阻止冲突升级，而是会导致或加剧冲突升级。根据海德贝格尔研究所的一份冲突研究报告，2014年总共发生了424起政治冲突，其中为数众多的冲突导致极端暴力。数字表明，其中21起是战争，25起是有限战争，177起是武力危机。大多数战争发生在撒哈拉以南、近东和北非地区。正如我们所知，美国——直接或间接——均参与了所有这些武装冲突，其目的是推行其全球化战略。军事体制的建设和拓展，往往以打击贩毒、贩卖人口或"打击恐怖活动"为理由。正如我们如今在拉丁美洲所观察的那样，美军设施不断增加，却不存在足以保持平衡的对立一极，这种现状始终是危险的。

即使起初并非出于故意，但是一场争夺资源的冲突，或一国政府抵御外来势力更替政权的企图时，往往很快就会发展为一场战争冲突。您是否认为，发生在伊拉克、利比亚或叙利亚的行动方式，会在拉丁美洲重演？

这是一个假定的问题。但是，这种危险至少不能完全排除。美国及其拉美国家的追随者，一直在完全公开地宣传其"阿拉伯之春"纲领，不仅针对古巴，也针对该地区的其他国家。这类所谓"软性革命"的剧本，也预设了各种军事选项。其剧情大约沿用这样的模式：一场内政骚乱尖锐化，一个亲西方的反对派政府组成，然后立即得到美国和其他西方国家的承认。如果这个政府请求军事保护，那么期待的局势就出现了。在拉丁美洲会不会发生类似事件？原则上我不会排除这种可能性。

美国在哥伦比亚一共维持着 9 个军事基地。2013 年 6 月，右翼保守党政府与北约签署了一项《合作与防御协议》。北约盟军转型司令部[①]前司令让 - 保罗·帕罗梅洛（Jean – Paul Palomeros）上将强调指出，北约在阿富汗和利比亚作战时体会到，这样的伙伴关系有多么的重要。这项协议会不会成为北约介入拉美的第一步，即在可能发生军事冲突时将北约成员国（包括德国）吸引到拉丁美洲来？

---

① 北约两大战略总部之一。

阿富汗和利比亚的迹象表明，至少在某些当事者的脑子里存在着这样的想法。2004 年，德国国防部长彼得·施特鲁克（须知他是社民党人）曾经说："我们在兴都库什保卫我们的安全，而且不仅局限于那里。"这句话我们不会忘记。哥伦比亚与北约签署的协议，我认为是拉丁美洲走向军事化的危险一步。德国自 1999 年的红绿联合政府支持北约进攻和轰炸南斯拉夫以来，参加了为数众多的侵略行动，而且不仅局限于欧洲内部。在这些作战行动中，德国常常是驱动力量。然而给本国带来的是什么后果呢？我们如今正在经历：日益增多的难民，正源源不断地来自那些被摧毁的国家。

我现在还想说一个事件：2015 年 5 月，您同大约 100 名前民主德国国家人民军的将军和校官参加了反法西斯胜利 70 周年纪念活动，公开呼喊的口号是"军人支持和平"。呼吁书的主要内容之一是："东欧不断加速的军事化不仅是在玩火，而且是在玩弄战争!"是什么原因促使您走出这一非同寻常的步骤？

这份呼吁书的联署者都曾经在民主德国军方担任过领导职务。我们的做法很理智。民主德国的国家人民军从未参加过一天战争冲突，我们始终用我们所掌握的军事知识和技能致力于维护和平。如今我们在德国经历的是另一番天地：军事因素成为政治的特定工具，战争再一次成为人们日常生活的陪伴者。美国及其盟友谋求的世界新秩序，近年来引起了南斯拉夫、阿富汗、伊拉克、也门、苏丹、利比亚和索马里的连片战火。几乎 200 万人成为战争的牺牲者，数百万人流离失所。但是，当今时代的一些焦点问题无法用军事手段解决。这就是我们现在面临的态势，也是我们发出呼吁书的背景。具体来看，我们采取这一行动的起因是，我们认为在反法西斯胜利 70 年后的今天，战争的危险再次降临欧洲。美国的战略明确指向俄罗斯，企图将这个竞争者排除出局。北约已经越来越抵近俄罗斯边界，试图将乌克兰拉进欧盟和北约，从波罗的海各国到黑海构成对俄罗斯的围堵。正如我们在呼吁书中写道，东欧不断加速的军事化不仅是在玩火，而且是在玩弄战争。这一呼吁在国内外已经引起强烈反响。

2011 年 5 月 1 日在哈瓦那：劳尔·卡斯特罗与海因茨·凯斯勒和弗里茨·施特雷利茨在一起，左边背景处是玛尔戈特·昂纳克

这一呼吁想必主要是针对欧洲。您所说的冲突随时可能失控的危险，是否也可能发生在拉丁美洲和加勒比海地区？

根据我的判断，就发生战争的危险度而言，目前欧洲大于拉丁美洲。因为，如果欧洲发生一场大规模的军事冲突，这个居住密度很大的欧洲大陆就会荡然无存。但是一般来说，您说得对，每一次军事行动都始终存在着失控的威胁。

因此，随着美国在拉美和加勒比海地区系统的军事化步骤，对该地区产生担忧同样是十分合理的。如果美国试图以军事威胁的手势，对拉美国家在选择什么社会制度、选择哪些经济和联盟伙伴，或者如何使用本国资源等主权决策问题上加以影响，那么这样的冲突就随时可能升级。拉丁美洲当然不愿意再成为美国的后院，他们正在设计一种走向新自由主义世界秩序的选项。然而，随着中南美洲许多国家增强与俄罗斯和中国的密切联系，他们成为美国干涉计划乃至作战计划之目标的危险性也在增大。

2014 年 1 月，拉美及加勒比海国家共同体的 33 个成员[①]，响应古巴的倡议，将该地区宣布为"和平地区"。在此次哈瓦那首脑会议的闭幕会上，各签署国一致通过了一

---

① 拉美及加勒比海国家共同体拥有 33 个成员，亦即南北两个美洲除美国和加拿大以外的所有国家。

份包括八点内容的文件，其目标是阻止该地区国家之间的战争冲突。各国一致赞成，以会晤和谈判方式解决意见分歧和冲突，同时谴责一切使用或威胁使用武力，以及从外界采取军事和政治干涉的行为。这个文件听上去很不错，不过只是在纸面上而已。您认为这个宣言有什么意义？

我不想臆断。但是，这个声明可能基于我刚才回答问题时谈到的类似思考。2014 年 8 月，古巴共产党中央国际关系部部长约瑟·拉蒙·巴拉格尔发出警告，应警惕美国针对被华盛顿视为敌人的国家发动非常规战争的方式和目标。巴拉格尔称，这是美国和拉丁美洲右翼政治势力发动反攻的一部分，他们企图采取极端形式的、破坏稳定的行动促使一系列国家政权的更迭。美国为了掩盖其参与和主导此类行动的角色，因而将上述手段作为美国实施隐蔽战争的一部分。巴拉格尔认为，抵御此类行动的反制措施应当是，通过美洲玻利瓦尔联盟（ALBA）和拉美及加勒比海国家共同体（CELAC）等联盟组织推动地区性政治一体化进展。他指出，进步力量的政治实力取决于政治组织内部的团结、政治领导人与民众之间的关系，以及对危险和风险的意识。从这个背景看，2014 年 1 月拉美及加勒比海国家共同体参会者一致通过的声明确实是重要的一步。文件本身虽然没有什么效应，但这是一份拉美和加勒比海地区所有国家谴责任何形式干预内部事务的一份团结文献。文件同时也强调，美国的隐蔽或公开的干预行动，不仅仅是针对个别国家，而是针对该地区的所有国家。

最后还有一个跳跃式的问题。如果您现在去古巴旅行，您会如何体验古巴的生活？

首先，我要体验这样的一个国家，其人民开明、智慧、素质高、有朝气。在这个国家，社会团结，关怀弱者，儿童不用在垃圾山上挣扎、不用嗅吸万能胶毒品、不会被警察四处驱赶，而是在托儿所里受到悉心照料或去学校上课。在这个国家，黑皮肤的公民可以获得高级职位，可以上大学，不必害怕被警察殴打、禁闭甚至当街枪杀。在这个国家，人们受到的教育是尊重他人的尊严，毫不取决于他的银行存款有多少。在这个国家，全体民众都可以享受社会和文化生活，不会受到歹徒黑帮和吸毒者的恐怖袭击。在这个国家，教育和卫生设施以及住房并非掌握在投机倒把者手中，而是真正属于人民。我在这个国家几乎长达 60 年的历程中——包括遭受封锁和恐怖打击的年代——得出的结论是，社会主义的模式是可行的，这种模式的优势是为大多数民众的利益着想，他们的社会人权能够比欧洲和美国得到更好的实现。

您在前半生承担过很多责任，经历过成功和失败，积累了丰富的经验。您认为古巴的未来有什么机遇和风险？

在 2015 年 4 月上一次逗留期间，我在诸多谈话中感觉到，这里普遍欢迎与美国关系的正常化。古巴人愿意与该地区包括美国在内的所有国家和平、友好相处。但是，只有美国解除封锁，归还非法占据的关塔那摩海湾，愿意赔偿对这个岛国长年封锁带来的数十亿美元的损失，才有可能实现关系正常化。同时，古巴理所当然地要求美国及其帮凶停止企图更迭社会制度的一切颠覆活动。如果一个国家不尊重另一个国家的合宪制度，招募并资助雇佣军试图推翻宪法，这当然谈不上正常。这种行径也证明了美国制度的薄弱。因为，当数百万人民在古巴——如同世界其他国家的人民——为了理想信念而努力奋斗时，美国却花钱雇人去宣传资本主义－新自由主义的意识形态。因此我认为，古巴在政治、军事和意识形态上不必害怕正常化进程。古巴的未来，确实存在着严峻的风险和危险，但是只要不放弃建设成就和革命原则，就有机遇和优势。我有幸于 2011 年 4 月与玛尔戈特·昂纳克、海因茨·凯斯勒和克劳斯·鲍姆加滕一起，作为嘉宾出席了古巴共产党第六次代表大会。此次党代会上做出的决议，已经在古巴以巨大热情落实到实践当中。我坚信，2016 年 4 月党的第七次代表大会之后，古巴的社会主义建设将会继续取得丰硕的成就。

原民主德国国家安全部侦察总局处长

克劳斯·艾希纳：

美国和反动派梦想将哈瓦那变成迈丹广场[*]

凡是对古巴和拉丁美洲的未来感兴趣的人，必须也了解外国——主要是美国——情报机构的活动，了解其特工和间谍，了解其施加影响、破坏稳定、散布谣言、制定颠覆计划、策划演变的方式。艾希纳先生，您是这方面的专家，在民主德国时期曾经从事反间谍工作，自 1974 年起成为国家安全部侦察总局首席分析员。在防范西方间谍活动的侦察总局第 9 处，您是负责美国情报机构的专家。您的主要工作到底是什么？

我们的主要任务是对西方情报机构旨在逐步削弱我们社会主义制度的活动实施侦察，并为防范其颠覆活动创造可能性。基于这一视角，我们对所有获取到的信息——从我们的来源（所谓的"密探"）提供的内部情报，到有关情报工作的一般性公开发行物——进行分析。针对那些情

报机构已知的工作人员和间谍人员，我们也搜集其个人情况及其周边环境信息，目的是基于可能的情报需求对其进行行动性接触。也就是说，首要工作是"人力情报"（Human Intelligence）①。我们拥有一系列在重要地点科学布点的来源，通过这些来源能够全面获悉西方情报机构的活动和计划。除了在这些情报机构的作战中心直接安插来源外，我们也拥有反间谍机构招募的非正式工作人员，他们负责执行其他重要任务。这些人员往往是我们从敌方情报机构发展的成果，他们已经向我安全机构表露身份，并表示愿意继续针对该机构的未来行动共同展开侦察。这种合作效率很高。在民主德国终结之后，美国情报机构的代表肯定会发现，美国中央情报局（CIA）负责报告民主德国情况的来源，都有人在民德国家安全部的委托和协调下进行工作。当时西德联邦情报局的情报来源也处于同样的环境，其不同部门的信息通道也会通向民主德国。通过这样的行动方式，我们得以成功地大幅削弱其针对民主德国的间谍活动。

这就是说，你们当时无所不知或者几乎无所不知？

无所不知那就太好了，这当然是我们的梦想，或许也是所有侦察和反间谍特工人员的梦想。但这是不可能的，

---

① 人力情报系指从人力来源获取的情报认知。通过监听、视频监视等技术手段获取的情报，则称为信号情报。

我们无法预知敌方情报机构针对我国的所有计划。不过，我们已经在这条路上走得很远了。为了保护我们的情报来源，不危及他们继续工作，我们——不会像那些告密者一样——或者永远不会公开我们已知的情况，或者在未来某个时间段再予公布。正是因为这个原因，所以我们在这方面的许多工作细节，直至今日还几乎无人知晓。

2013 年 8 月 13 日，克劳斯·艾希纳在柏林庆祝菲德尔·卡斯特罗生日的活动上讲述了他的历次古巴之行，并向在场的古巴大使赠送了照片文献

您和您的同事当年的分析工作，只关注美国情报机构针对民主德国和欧洲其他社会主义国家的活动，还是也关注其针对拉丁美洲的活动？

我们的主要行动任务是确保欧洲社会主义国家共同体和欧洲地域的安全。但是，自古巴革命开始，随着中南美洲政治和战略意义的上升，我们对拉丁美洲的关注度越来越高。因此，民主德国国家安全部与社会主义古巴的安全机构，当然也建立了关系，展开了密切的、无论在数量还是质量上都不断上升的情报交换活动。交换内容也包括美国情报机构在拉丁美洲加强情报活动的信息。该地区是"美国情报联盟"[①] 所有成员机构的传统情报领域。因此，历来就有一大批中央情报局的间谍招募人员和指挥人员，在中南美洲各国来回奔波。美国联邦调查局（FBI）[②] 和药品执法局（DEA）[③] 在拉丁美洲各国维持有诸多基地。美国情报机构的特工人员由驻外大使馆操控，他们遍布几乎所有来自美国的其他机构、公司和非政府组织。其主要任务是搜集情报，招募、训练和指挥间谍人员，有时也直接参与行动。所有这些活动和领域——只要力所能及——都是我们的分析对象。

尽管全世界几乎所有国家都供养着侦察与情报机构，但是联邦德国的政治家和媒体却总是乐于把民主德国的国家安全部钉在耻辱柱上，将其斥为告密和暗探组织。因此，很少有人知道国家安全部工作人员的一些壮举——例如在美国中央情报局 1973 年策划了血腥的皮诺切特政变之后——他们曾经帮助过大批被迫害流亡的智利人，从而拯

----

① 英文为 United States Intelligence Community，简称 IC，是美国 17 个情报部门的联合体。该机构是 1981 年 12 月 4 日根据时任美国总统罗纳德·里根的命令组建的。

② 英文名称为 Federal Bureau of Investigation，简称 FBI，也负责国内情报。

③ 药品执法局的英文名称为 Drug Enforcement Administration，简称 DEA，是隶属于美国司法部的执法机构。

救了他们的生命。您能给我介绍一些这方面的情况吗？

早在 1973 年春天，我们就获得了智利右翼军方有人策划通过政变推翻人民阵营政府的情报。① 情报来源是西德联邦情报局一位为我们工作的情报人员。民德统一社会党中央向智利总统萨尔瓦多·阿连德通报了这一情报，但是他坚信智利军队在传统上从未发动过针对民选总统的政变。他错了，政变于 1973 年 9 月 11 日在美国中情局的支持下发动了。我国驻智利圣地亚哥大使馆在政变之后立即成为一个实际上拥有外交地位的贸易代表处，因为民主德国政府中断了与政变政权的外交关系。使馆内只有少部分外交官驻守，其中包括我们情报部门的几名军官。民主德国立即引导"新勃兰登堡号"等几艘原本驶往古巴的货船，转变航线驶往智利。这些船只改装有隐蔽性很强的藏匿处——仿效西方针对民主德国组织的偷渡方法——同时还利用我们侦察总局预先设置的技术与后勤条件，准备了一些制作精良的身份和旅游证件。此次行动的高潮是偷渡智利社会党总书记卡洛斯·阿尔塔米拉诺，他乘坐一辆预先准备的小轿车前往阿根廷，然后从那里再飞往民主德国。民德公民对前来的智利人展示了充满真情的团结声援。在民主

---

① 智利人民阵营（Unidad Popular）是左翼政党和组织组成的竞选联盟，1970 年 9 月 4 日在选举中以 36.3% 的选票成为最强大的力量。人民阵营候选人萨尔瓦多·阿连德在基督教民主联盟的支持下，于 1970 年 10 月 24 日在国会当选总统。在 1973 年 3 月 4 日的国会选举中，人民阵营获得 43.9% 的选票。在美国情报机构的支持和局部指导下，以奥古斯托·皮诺切特为首的右翼军方势力于 1973 年 9 月 11 日发动政变，建立了血腥的独裁政权。

德国，智利也成了抵抗和希望的象征。我们的国家安全部军官积极参与了政治抵抗皮诺切特军政府力量的组织工作，例如发展和保持情报关系或提供通联技术装备。[①]

与国家安全部军官在智利的做法一样，其他社会主义国家的情报机构也挽救了许多智利人的生命。例如，我现在想到的是那个以"古巴五人"而著称的情报小组，他们在美国佛罗里达侦察流亡古巴人的恐怖团伙，以阻止其袭击和暗杀活动。但是，拉丁美洲的右翼势力继续诉诸暴力和恐怖手段，企图推翻各国进步政府。每天都在发生袭击和暴力行动，其策动者大都与美国情报机构保持着密切联系。您认为在这样的态势下，有没有某一天情报机构完全消失的可能性？

尽管我也希望有一个不需要情报机构的世界，但是我们地球上现在的政治环境还不能实现。相反：帝国主义日益膨胀的侵略性，首先要求甚至强迫那些反对帝国主义的进步国家努力发展高素质的侦察和反间谍机构。"古巴五人"在美国监狱经历多年非人道关押之后，如今已经回到自己的家乡。他们的遭遇也是一个论据，证明如今仍有必要通过情报工作保护那些进步国家。古巴五名英雄所从事的工作，正如美国总统乔治·W·布什在 2001 年 11 月 9

---

① 细节详见 Schwanitz/Grimmer 出版社《我们不会让你们安静——令人难堪的时代见证人》丛书第 2 卷，鲁道夫·赫茨（Rudolf Herz）所著《智利 1973 与侦察总局》一书第 341 页。

日①之后向全世界所要求的那样——即为侦察和打击恐怖主义做出贡献。古巴早在几十年前就开始——有些人可能会感到惊讶——遭受比美国更严重的恐怖主义袭击。2014年3月在伦敦享有盛名的"法律协会"（Law Society）召开的一次有关"古巴五人"案件的听证会上，来自古巴内政部负责打击恐怖主义行动的特种侦察员罗伯托·埃尔南德斯·卡瓦列罗中校，揭露了从美国本土发起的针对古巴人员和设施的有组织的袭击行动。根据他的介绍，1959年古巴革命胜利之后，截至听证会当天，已统计有713起恐怖袭击，造成3500多人死亡、2100多人受伤。美国领导人出于政治原因，在对待此类话题时有意识采取了两面派的做法。他们把不喜欢的国家视为"邪恶轴心"，把这些国家的代表视为"恐怖分子"的支持者。与此同时，像中央情报局前特工人员路易斯·波萨达·卡里莱斯那样已经被证实的系列杀人犯却逍遥法外，尽管他是一架古巴民航飞机在巴巴多斯海上爆炸事件②和哈瓦那多个旅馆系列爆炸案的责任人，却可以在迈阿密的大街上毫无拘束地散步，并胆敢在媒体上公开吹嘘自己的暴力行为，并且能够得到美国警察、联邦调查局和司法界的保护。这样一个坏蛋，却被中央情报局从反共的流亡古巴人圈子里选出来，经过

---

① 系指 2001 年 9 月 11 日对美国世界贸易中心和五角大楼的袭击。

② 1976 年 10 月 6 日，古巴航空公司执飞 CU455 航班的一架 DC - 8 飞机起飞不久后，机舱内的一颗炸弹爆炸，导致机身解体，73 名乘客和机组人员罹难。巴巴多斯当局查明凶手是流亡古巴人奥兰多·博什和波萨达·卡里莱斯，二人均是前中央情报局特工人员。凶手博什 2011 年以自由人身份死于迈阿密，卡里莱斯截至 2015 年底还毫无约束地生活在迈阿密。

几十年的训练和装备，进而对古巴人民实施恐怖袭击。无论过去还是现在，古巴自然而然必须一如既往地以情报手段进行自我保护。正如我们国家安全部的军官在"中央情报局－皮诺切特－政变"之后挽救了许多被迫害的智利人的生命一样，古巴侦察员们也以其辛苦工作阻止了许多针对本国人员和设施的恐怖袭击，从而也挽救了许多人的生命。因此，无论在古巴还是其他国家，当那些侦察员被释放之后，他们所到之处，理所当然地受到英雄般的欢迎。我的夫人和我本人，对他们工作的了解和认可，成为我们发起组建德国团结声援组织"Basta Ya!"的一个原因。我们这个组织以很大的热情要求释放古巴共和国的五位英雄。如今，每当我看到他们忘我、勇敢的侦察工作获得大多数古巴人民和全世界进步人民的敬仰时，内心就十分激动。然而，颠覆活动仍在继续，甚至可能变本加厉。因此，古巴的社会主义社会模式必须得到巩固。

克劳斯和乌拉·艾希纳夫妇于 2008 年 3 月
在柏林的古巴大使馆门前参加支持古巴和反对
反革命挑衅的团结声援活动

主要得到美国支持的流亡古巴人团伙，最近又在策划针对古巴的恐怖袭击活动？

遗憾的是，确实如此。您和您的同事不久前报道过一个事件，但许多西德媒体康采恩却对这一消息讳莫如深，向其读者隐瞒了真相。2014 年 4 月，古巴逮捕了四名试图实施恐怖袭击的男子。他们承认自己奉命袭击这个岛国的军事设施，以挑起针锋相对的暴力行动。所有四人都是流亡古巴人，多年来一直生活在迈阿密。尽管美国警方和有关部门早就了解这些暴力歹徒，但是他们得以不受任何干扰地在佛罗里达计划和筹备其袭击行动。他们的幕后操纵者是臭名昭著的"阿尔法 66"组织①和"2506 旅"组织②的成员，与爆炸案凶手路易斯·波萨达·卡里莱斯保持着联系。这一切，美国调查机构多年来早就了解得一清二楚。尽管如此，四人中的三人自 2013 年年中开始多次前往古巴踩点并谋划行动。幸亏古巴情报机构警觉，凶手才被安全部门及时抓捕。在导致更多牺牲者之前，恐怖活动被挫败。在我看来，此事再次证明，为了保护古巴民众，即使今天仍有必要加强高效的侦察和反间谍工作。

---

① 原名为"Alpha 66"，是流亡古巴人于 1961 年成立的准军事恐怖主义组织，其驻地在迈阿密。该组织在古巴实施了诸多袭击和破坏活动。

② 原名为"Brigade 2506"，是一个由流亡古巴人和招募的雇佣军组成的军事小分队，是当年美国中央情报局专门为猪湾侵略行动而训练的。猪湾行动失败后，它作为恐怖主义组织依然存在，直至今天仍然活跃。其中主要人物包括路易斯·波萨达·卡里莱斯、死于 1997 年的豪尔赫·马斯·卡尼奥萨，以及后来组建并领导"Hermanos al Rescate"恐怖主义小组的何塞·巴苏尔托。

在您诸多的出版物当中，有一本书描写了拉丁美洲的"秃鹰行动"（Operation Condor）。您能不能用简单几句话解释一下，什么是"秃鹰行动"？

"秃鹰行动"是 20 世纪 70 年代和 80 年代阿根廷、智利、巴拉圭、乌拉圭、玻利维亚和巴西等国反动军事独裁政府组建的一个国家恐怖主义网络的代号。这个网络的目标是残酷镇压反对其独裁政权的任何形式的政治反对派。此外，该网络也在上述地区以情报部门的侦察和地下行动等方式武力压制左派影响和左翼思想。其行动剧本中，甚至包括以准军事特种行动清除已查明的反政府人士。在美国知情、认可并支持下，该网络在"秃鹰行动"框架内的一系列行动中，谋杀了拉美地区的人数超过 40 万。当地的历史学家将这种"国际性恐怖主义"的刑事行为描述为美洲大陆"历史上最残忍、最变态的一页"，并斥之为种族屠杀。"秃鹰行动"网络中也包括流亡古巴人反动派，部分成员甚至是直接参加系列谋杀事件的同一批团伙——他们最终被"古巴五人"侦察小组和其他古巴侦察员所擒获。智利和"秃鹰行动"其他国家的政治反对派重要人物遭到全球追杀，纷纷在拉美以外地区被杀害。例如众所周知，智利外交官和政治家奥兰多·莱特里尔 1976 年在华盛顿被皮诺切特秘密警察的特工人员用一枚汽车炸弹所谋杀。"秃鹰行动"明白无误地宣布其目标是在该大陆"肃清所有左派"。在号称如此重视人权的西方国家，其中包括联邦德国，"秃鹰行动"居然没有引起公愤。人们有理由怀疑，那些西方人权卫士根本就不把 40 万被害者放在心上，因为那些是拉丁美洲人，况且还是拥有左翼信仰的人。

美国和其他西方国家的情报机构起到了什么作用？

尽管公开出面邀请组建秃鹰组织的人是皮诺切特独裁政权情报部门的首脑、臭名昭著的国家情报领导机构[①]，但是此类"秃鹰行动"的精神主谋和主管领导确实是美国情报联盟。中央情报局、联邦调查局和药品执法局也给予后勤支援，例如提供数据加工和通信技术装备。所有犯罪行动的理论基础是"共同的价值观"和"打击共产主义、保卫西方和基督教文明的利益"等目标。德国联邦情报局和联邦国防军的领导层与参与"秃鹰行动"的各个独裁政权的情报机构保持着密切的联系。在德国联邦情报局，曾经出现过一个 DINA 外国局的行动小组，其成员包括中央情报局特工人员和流亡古巴人反对派。这个行动小组的任务之一，是建立与德国联邦情报局之间的通联网络。

公开实施法西斯独裁的时代似乎已经过去了。自 1998 年 12 月乌戈·查韦斯当选委内瑞拉总统以来，拉美大陆的左翼力量迄今一直在发展。寡头政治、右翼势力与美国情报部门的联系已经属于历史？还是仍然存在？

[①] 原名为 Direccion de Intelligencia Nacional，简称 DINA，1973 年 11 月至 1977 年直接由独裁者奥古斯托·皮诺切特领导的秘密警察机构。

2008 年 9 月在柏林保护公民权利和人类尊严协会举办的影展上，左起站立者为克劳斯·艾希纳、汉斯·莫德罗和尤塔·考施

　　直至 20 世纪 90 年代中期，才开始对各个"秃鹰行动"国家侵犯人权的具体证据进行法庭审理。各个不同形式的"真相委员会"，对"秃鹰行动"实施的暴行进行追述，有些工作甚至持续数年之久，在侦察军事独裁政权罪行方面做了大量工作。但是，甄别凶手的程序不够缜密，对其量刑则因各种借口拖延数年，最终往往难以执行。这样一来仍然没有完全弄清楚，国家机关、军队机器或文职体制中的情报人员究竟还有没有罪恶深重的坏人漏网。这些遗患直至今日仍旧构成反革命活动的潜在威胁。拉美国家的一些高级将领也属于此类隐患，他们在有"凶手学校"之称的臭名昭著的"美利坚学校（School of the Americas）"里接受过训练。这个训练机构很多年来一直就位于巴拿马运河地区，如今隶属于佐治亚州本宁堡美军基地。这个训练营地自 1946 年成立以来已经为拉美国家培养

了 60000 多名军官，其课程也包括敲诈、胁迫、酷刑实践和参观考察。美国情报机构为每个学员都留有档案，其中包含个人弱点的证据以及未来合作的起点平台。这所凶手学校的毕业生中，既有审讯专家和酷刑专家，也有许多人担任了该地区独裁政权的军事高官。由于大规模公开抗议和国会听证时的批评声音，美国不得不于 2000 年 12 月在形式上关闭了这所学校，但是今天改换门庭以"西半球安全合作研究所（Western Hemisphere Institute for Security Cooperation）"的名义——该名称足以显示其基本功能特征——继续作为培养拉丁美洲军官的训练场所。其每年的预算约有 1000 万美元。

我们现在说一说奥巴马总统 2014 年 12 月 17 日宣布的美国对古巴新政策。美国白宫新闻处同一天发表声明称："总统今天宣布了多项措施，其目的是更加有效地推动古巴的转变，这种转变符合美国的安全利益。"此外声明还强调："政府将继续美国计划，即推动古巴出现积极的转变。"一方面解除制裁，另一方面又推动更替政权的计划，这样做的意义何在？

主要基于经济利益产生的压力，迫使美帝国主义对古巴全面封锁的粗暴政策开始转向，当然其对古政策目标并没有改变。奥巴马强调了这一点，克里和美国其他许多政治家也利用一切机会这样强调。华盛顿解除制裁之举，并非承认其对古封锁政策违反了国际法，而是仅仅承认这一政策也伤害了自身利益。这里指的是一方面使美国在南美大陆上处于政治孤立处境，另一方面也限制了美国经济。如今意图改变现状，但并非认可古巴的社会制度。相反，古巴在社会主义道路上发展了50多年，在美国自诩的后院构成了一种挑战。在这么多年使用威胁和恐怖手段均未能成功迫使古巴放弃社会主义道路的情况下，美帝国主义如今显然是要尝试改换接近与拥抱的方式。我坚信，古巴即使在拥抱中也不会窒息。

弗里茨·施特雷利茨和劳尔·卡斯特罗

华盛顿战略家们的看法显然不一样。白宫在同一个声明中宣示了新的古巴政策："我们今天重申我国在整个美洲大陆的领导作用。"您如何解读这句话？

美国政府始终还是坚持认为他们起着领导作用。然而，美洲大陆局势的发展早就驶离了美国的要求。正确的表述应当是"重建"，而不是"重申"。因为，已经失去的东西是无法重申的。重新夺回领导地位，可能意味着政治上、意识形态上和经济上，但也包括军事上的含义，也包括我们在其他国家已经见识过的各种行动。因此，不应低估美国在拉美地区的下一步动作，必须以高度警觉加以关注。

古巴和美国分别在华盛顿和哈瓦那开设的利益代表处，自 2015 年 7 月起重新拥有大使馆的地位。众所周知，美国利用其全世界的外交代表处，不仅实施间谍活动，而且干预驻在国内部事务，对不喜欢的政府策动骚乱并组织和操纵政变。古巴能不能保护自己免受这种危险？

您的问题可能是在影射许多古巴朋友对开设美国大使馆的批评。是的，这样就可以增加人员，也可以使使馆人员获得在古巴全国自由活动的权利。不仅在古巴，而且全世界范围内的美国大使馆，都是其情报机构策划颠覆行动的间谍窝点和基地平台，这已经成为公开的秘密。不妨想一想拉美地区常常引述的一句话：美国境内之所以从来没有发生过政变，是因为华盛顿没设美国大使馆。另一方面，在古巴开设美国大使馆的这个问题，实际上并非新情况。美国情报机构的特工人员早就在这个岛国上四处流窜了，他们搜集情报，培训反对体制的势力，为颠覆活动培育土壤。迄今为止，美国利益代表处也曾组织、操纵和监督许多行动。美国间谍和接受其使命的古巴反对派，也得到其他几个国家大使馆的支持，例如波兰、捷克、瑞典和德国使馆。古巴安全部门多年来获得了很多证据，他们了解这种危险，有能力以侦察和反间谍的有效措施保护古巴人民免受犯罪袭击。

美国活跃于全世界的各个情报机构，几乎都在古巴从事颠覆活动，以期诬指政府非法化，破坏国家稳定，促使体制更替。您能不能简要介绍几个重要的情报机构和组织及其工作方式？

我在前面曾经简短介绍过，美国情报机构的总体体系，内部称为"情报联盟（Intelligence Community）"。受美国总统的委托，由国家安全委员会（National Security Council，简称NCS）对情报系统实施政治领导。"情报联盟"包括负责外国情报的中央机构中央情报局（CIA）、隶属于美国司法部的反间谍中央机构联邦调查局（FBI），以及国防部下辖的几个情报机构，其中国家安全局（National Security Agency，简称NSA）是负责电子侦察和反间谍的中央机构，国家侦察局（National Reconnaisance Office，简称NRO）是负责侦察卫星运营的机构，此外还辖有各军种的侦察与反谍报机构。另有几个重要的政府部门，例如国务院、能源部和商务部，均拥有自己的情报部门。自2011年9月11日美国世贸中心和五角大楼受到袭击之后，中央反间谍和安全职能集中整合于国土安全部内。还有一个负责打击非法毒品交易的机构，名为美国药品执法局（Drug Enforcement Administration，简称 DEA），这是一个特殊的反间谍机构，拥有全面的外国情报职能。

还有一些基金会、非政府组织和所谓的援助组织，在古巴——也在其他国家——用许多钱招募和训练所谓的持不同政见者，并为其装备器材和制作宣传材料提供资金。您认为哪些机构在这方面比较活跃？

比较突出的是那些持批评立场的政治学机构和出版机构：原先由中央情报局干的肮脏勾当，如今由"公民社会"的非政府组织来实施。这个称谓往往引起误解。其实，非政府组织根本就不是独立于政府的机构。政府对其体制、经费和领导人事有着决定性影响。非政府组织以往早就是情报机构的有效工具，如今仍然由资深情报官员占据着主要职位。

我想简要举例介绍几个美国非政府组织。

· 国家民主捐赠基金会（National Endowment for Democracy，简称民主基金会/NED）

该组织 1983 年由罗纳德·里根总统设立，在某种意义上行使着美国非政府组织之顶层机构的职能。其现任主席是前北约最高司令韦斯利·克拉克上将。民主基金会每年得到上亿美元资助经费，经费主要来源是美国国务院。它是中央拨款站，负责向那些反对"美国不喜欢的政府"的非政府组织发放经费。

·自由之家（Freedom House）

这个 1941 年即已成立的非政府组织，如今由前中央情报局局长詹姆斯·伍尔西（James Woolsey）担任领导。自由之家的规划部主任波拉·施里费（Paula Schriefer）曾经在解释该组织的职能时说："我们只是向世界教授如何有效行使民主——并向缺乏民主的国家提供促进民主的指导。"

·开放社会研究所（Open Society Institut，亦即国际文艺复兴基金会/International Renaissance Foundation）

由匈牙利裔美国亿万富翁乔治·索罗斯（Georg Soros）创建、资助并领导的高效国际性组织，成为各反对派运动的最主要经费来源之一。活跃在国际舞台上的该机构积极分子，在那些反对"美国不喜欢的政府"的行动中承担领导作用。那些行动往往被称为"颜色革命"。

欧洲也有一些非政府组织颠覆性地干预其他国家内政。我在这里只列举几个：

·欧洲民主发展基金会（European Endowment for Democracy，简称 EED）

德国称其为"欧洲民主基金会"，2013 年 1 月由欧盟委员会比照美国国家民主捐赠基金会的模式成立。该基金会成立以来，也资助欧盟以外国家的亲西方势力。根据科学与政治基金会（SWP）的判断，民主基金会"必然也会支持一些事后被揭露并不民主的势力"。民主基金会得到欧盟委员会、欧盟成员国和瑞士的资助。

·俄罗斯/独联体克贝尔中心（Körber‑Zentrum

Russland/GUS）

德国外交政策协会（DGAP）的一个前沿组织，其立场接近德国政府。这个智库主要从事国际政治、外交与安全政策问题的研究。德国外交政策协会是 1955 年在遵从"西方价值观"的智库美国"外交政策协会（Council on Foreign Relations）"和英国"皇家国际事务研究所/查塔姆大厦（Chatham House）"的影响下成立的。

· 威斯敏斯特民主基金会（Westminser Foundation for Democracy）

威斯敏斯特民主基金会成立于 1992 年，是美国"自由之家"的英国复制版，属于"政府－非政府组织"，直接得到托尼·布莱尔首相的支持。

以上只是几个例子。有数十个非政府组织与西方政府及其情报机构保持着密切的联系，其中一部分甚至是情报机构的掩护单位。此外，不少政党基金会也是情报机构非官方的人员输送单位，至少部分基金会承担有颠覆任务。例如在联邦德国，一些接近大党立场的基金会值得一提。这些基金会常常用纳税人的钱去支持那些受其操纵的"反对派"运动，而这些人所针对的许多国家虽然是民主选出的合法政府，但被视为"美国不喜欢"的政府。此类基金会包括基民盟的康拉德·阿登纳基金会（KAS）、基社盟的汉斯·赛德尔基金会（HSS）、自民党的海因里希·瑙曼基金会、联盟 90/绿党的海因里希·伯尔基金会，还有接近社民党的弗里德里希·艾伯特基金会（FES）。在拉丁美洲，主要是基民盟和自民党的基金会向右翼反对派团伙提供资助，以支持洪都拉斯和巴拉圭的政变者，公开地或者隐蔽地干预一系列国家的内部事务。①

听说有些被招募人员根本就不知道自己已经受到外国情报机构的资助和操纵，事实上确实如此吗？

这种事实从来不会公开告知当事人。所以我认为事实确实如此。但是一个有经验的当事人，用不了多长时间就会察觉背后的操纵者是谁。在古巴为外国情报机构工作的人，应当能够确切地知道是在为谁工作、为谁的利益干事，因为他们会获得自己的"活动"报酬。许多供词和古巴情报部门查获的手写"发票"表明，例如"穿白衣女子"等反政府活动的参与者都会得到报酬，而且很清楚经费的来源。与此类似的还有那些所谓的独立记者——如同数百名其他作者和博客作者一样——虽然可能独立于古巴政府，却依赖于世界上最强势的政权美国。根据维基网站披露的消息，例如从哈瓦那美国利益代表处发往华盛顿各政府部门的大量电报中，有一则是关于所谓独立博客作者约安尼·桑切斯及其丈夫的，他们在美国使团内报告了与美国各机构之间的合作情

---

① 康拉德·阿登纳基金会多年来在古巴干预内部事务，以经费、人员和会议形式支持该国的反革命活动。例如，阿登纳基金会于 2015 年初在墨西哥组织了一个名为"走向民主古巴道路"的会议，据其自己报道"共有来自 30 个政党、公民组织或古巴反对派媒体的 34 名代表参加了会议"。该基金会还散布消息称，尽管古巴和美国重新接近，但是古巴民众与"卡斯特罗政权"之间的"实质性冲突"依然存在；阿登纳基金会"增强公民社会"的做法有助于引导这个岛国的"和平演变"。

况，并表示愿意提供情报信息和情况判断。所有这些情况都记录在案，可以查阅。如果有人强调这种人是"独立"的，那就是侮辱听众、读者或谈话伙伴的智商。古巴的这些反政府者，当然也很清楚与他们见面的是什么人，向他们布置使命的是什么人，他们报告情况的对象是什么人，更重要的是向他们发放经费的是什么人。

克劳斯·艾希纳（左）在出席柏林保护公民权利和人类尊严协会组织的菲德尔·卡斯特罗生日纪念活动上欢迎时任古巴驻德国大使劳尔·贝塞拉

据奥巴马说，美国关心的是引导古巴人自己演变，也就是更替政权。在这方面，美国和其他国家的情报机构主要对古巴的年轻人和新出现的自由职业者阶层施加影响。它们期待的是什么？

古巴政治工作中的一个严峻问题是，亲身参加和组织过革命的老一代人的影响力正在下降。许多迹象表明，那些迄今在古巴毫无影响的所谓持不同政见者们，得到的资金和宣传投资正在不断增加，其地下活动正在不断加强。这些阴谋活动的目标群，是有人指定的范畴。古巴领导人知道这一问题，必须在政治工作的重点方面加以调整。但是，随着电子媒体的全球性普及和"社会网络"的应用，正逐步增加了帝国主义媒体施加影响的可能性。在以往惯用的广泛散布谣言运动之外，现在加上了直接地、个性化地施加影响的可能性和网络、短信移动化等可能性。这种态势尤其对古巴社会的政治工作提出了高要求。

您刚才提到的美国国家民主捐赠基金会于 2015 年 9 月在公开求贤广告上物色一位工作人员，其任务是协调和监视在古巴招募的势力。您对民主基金会的活动了解吗？

民主基金会早就开始资助推翻古巴体制的活动，支持恐怖主义团伙。例如，它在 1990 年至 1992 年期间向位于迈阿密的"古巴－美国国家基金会（Cuban－American National Foundation）"提供了 25 万美元的赞助，而这个组织承认参与了 20 世纪 90 年代哈瓦那酒店系列爆炸案等活动。2015 年 9 月的求贤广告说明，古巴如今进一步成为民主基金会聚焦的目标。基金会在求贤职位说明中描述到，物色该项目负责人的工作范围包括前往古巴、实地监视当地培养的"奖学金学生"的工作情况。候选人除了必须掌握西班牙语以外，还要具备至少 5 年"促进民主工作"经验、在"封闭团体"内的工作经验，以及支持"公民团体"的工作经验等先决条件。此外，民主基金会还要求应聘者必须熟悉公民社会的网络，能够维护与古巴乃至该地区积极分子的接触，以及愿意在拉丁美洲居住、工作和出差。其任务之一也包括组织和参加在古巴举办的"促进民主"会议。可见，美国为了达成其目标，正在扩充人力。

显然还有新的计划，因为迄今为止靠收买持不同政见者赢得影响的尝试已经失败了。您认为古巴人现在将面临什么挑战？

2015 年 8 月，民主基金会透露了在古巴这个社会主义加勒比海岛国与其积极分子合作的令人深思的诸多细节，还公布了一份着眼于长远的《促进古巴开放的民主基金会纲领》。这家美国基金会由此"制定了一份支持古巴境内众多独立的社会积极分子、人权积极分子乃至独立农庄主的纲领"。这份纲领展示的是民主基金会的哲学，正如它在网站上所阐明的那样："不断发展独立创新人士，达成推翻独裁统治、实现和平演变的长期目标。"此外还有迹象表明，以往主要支持"人权积极分子和持不同政见者"，但大约四年以来已经扩大到这个岛国的"各公民社会新团体的广泛领域"。这些团体的诉求从独立邻居倡议、可饮用水、洁净路面，到独立农民希望将农田合作经营、以按照市场需求进行生产的要求。文件指出，这些团体代表了古巴正在崛起的一股运动。他们的私人行动虽然规模细微，但是影响巨大，"因为他们每天都在提醒人们关注古巴政权的无能"。与此类新倡议团体打交道，已经逐渐成为民主基金会古巴纲领的一个核心组成部分。这个美国代理机构对媒体工作给予了特殊的重视。民主基金会不无自豪地报告说，他们与"支持古巴境内独立记者和其他媒体工作的很多团体"进行合作。美国通过民主基金会和国际开发总署（USAID）[①] 向设在迈阿密的网站《古巴网络（CubaNet）》提供资助，从而使古巴岛国独立的博客作者和记者获得人员和物资上的援助。这种联系也有助于提高那些积极分子的知名度，进而可以赢取国际社会的更多支持。除了发展"独立"媒体机构并使之联网外，美国民主基金会未来几年的工作重点是支持"独立的农业合作"以及展开一项"独立农民工会运动"。民主基金会的代表亲自撰写所有工作的详尽说明书，其有计划干预古巴内部事务的方法和规模昭然若揭。与此同时，人们十分清楚，这家美国基金会所公布的，只是其行动和计划的一小部分。我们见到的只是冰山一角。

---

① U. S. Agency for International Development，简称 USAID，是美国政府的一个援外机构，成立于 1961 年，总部设在华盛顿，主要承担着美国大部分对外非军事性的援助工作。国际开发总署按照美国国务院制定的外交政策，力图"向那些为美好生活而奋斗、灾后重建以及为生活于民主自由之国家的人们提供帮助"。其援助的地区包括南撒哈拉非洲、亚洲、近东、拉丁美洲和加勒比地区，可以说是美国对国外进行"利益输送"的组织，对美国外交有举足轻重的影响。——译注

在企图破坏古巴和该地区其他进步政府的稳定时，国际媒体康采恩扮演的是什么角色？

国际媒体康采恩是帝国主义宣传和颠覆机器的一部分，其行为也符合其利益。尤其是随着电子媒体作用的不断提升，其针对个别国家的舆论形成产生了巨大影响。一些外国康采恩，例如活跃在拉美的西班牙普里莎媒体集团①，也是除美国机构和私人媒体企业联合会以外，博客女作者约安尼·桑切斯的又一个资助者。还有私立的拉丁美洲电视康采恩、美国 CNN 或 Univision 电视台的西班牙语节目，均已垄断了拉丁美洲大部地区的公众舆论。此外，美国还专门设立并资助了马蒂广播电视台（Radio and TV – Marti）这样的国家宣传机器，在该地区有针对性地实施颠覆战略。这使我回忆起当年 RIAS 电视台②和西部电视台在攻击民主德国的意识形态斗争中所起的作用。当然，如今的规模量级大多了。美国领导人对国际媒体在其颠覆战略中的位置给予的重视程度，可以从它不断增加的媒体资助额上看出来。2016 年度，针对古巴的颠覆行动预算从 2000 万美元增加到 3000 万美元。此外，还有 3000 万美元

① 西班牙 PRISA 集团是拉丁美洲市场上最大的媒体企业，其影响覆盖伊比利亚半岛和拉丁美洲。普里莎集团活跃在 22 个国家。集团旗下有读者最多的西班牙语日报《国家报》（El Pais），该报原先被视为左翼自由主义媒体，但现在已经成为反动派的喉舌，对古巴和委内瑞拉政府展开媒体攻击宣传。

② RIAS 电视台原先是德国美占区电视台，20 世纪 90 年代被"德国之声"电视台接管。"德国之声"是国际广播电台、电视台以及互联网站，是一个由德国政府全资资助的公立媒体集团。——译注

用于马蒂广播电视台。须知，仅仅这 6000 万美元的数额，就已经相当于古巴政府用于所有媒体支出的 4 倍，何况它还没有包含美国各情报机构、基金会和非政府组织用于地下工作的经费。

您对约安尼·桑切斯持批评立场。她不仅被当地右翼代表、而且也被《日报》①和某些左翼力量的代表视为古巴独立、批判性新闻业的典范。您对这位博客女作者有哪些批评性观点？

可以指责她为了钱说假话，与右翼政治家保持密切接触，被美国情报机构所利用。不过，当地许多记者毕竟也这样做。这个女子被一些国际广告公司用很多金钱打造成了一个媒体英雄，主要是为了满足西方国家的受众需求。在古巴几乎没有人知道她，她也没有任何影响力。这一点她的金主很清楚。所谓的独立博客作者和记者，其迄今的作用主要是为外国媒体发布标题新闻。凡是宣传攻击所需，或者需要可引证的引语和报道来加以责难时，他们就会被主流媒体以"来自古巴的可靠信息来源"作为论据。桑切斯女士是可以提供丑化古巴宣传所用材料的可靠途径，她以这种方式赚了许多钱。刚才提到的美国民主基金会新纲领表明，未来将蓄意发挥那些"独立记者"在古巴

---

① 《日报》的德文名为 *die Tageszeitung*，简称 taz，是在柏林发行的一份德国全国性左翼报纸。——译注

国内的更大作用。美国机构正致力于在因特网和"社会媒体"中扩散影响。

美洲国家间媒体协会①于 2012 年 11 月授予桑切斯女士古巴"媒体与信息自由委员会副主席"头衔。她的任务是"监督古巴的媒体自由"，并在当地代表该组织的利益。这是一个什么组织？

SIP 媒体协会是美洲大陆私营媒体业主的顶层联合会，代表着 1300 位出版人的资产。听上去似乎具有多样性，实际权力掌握在少数康采恩手中。在拉丁美洲，媒体融合的主要基础是其私有财产在独裁政权的支持下获得的优势条件。几十年来，SIP 媒体协会是法西斯军事政变的参与组织者，例如 1973 年推翻智利人民团结阵线政府萨尔瓦多·阿连德总统的血腥政变。SIP 媒体协会成员奥古斯廷·爱德华（Augustin Edward）及其《水星日报》（Le Mercurio）在推翻民选政府时起到了关键作用，也是皮诺切特独裁政权的支持者。阿根廷军政府的恐怖和残酷行径也始终获得了 SIP 旗下媒体的曲意善待。在后来发生的针对该地区民主选举之左翼政府的一系列攻击中，SIP 媒体沙皇始终以操纵者和援助者的身份站在政变叛军一方，例如针对委内瑞拉总统乌戈·查韦斯（2002 年）、厄瓜多尔总统拉斐

---

① 美洲国家间媒体协会，西班牙文名称为 Sociedad Interamericana de Prensa，简称 SIP，1943 年成立于哈瓦那，如今的总部设在美国迈阿密。

尔·科雷亚（2010 年）的未遂政变，以及非法推翻洪都拉斯（2009 年）和巴拉圭（2012 年）总统的政变。古巴是该地区唯一一个没有向这个私人媒体垄断集团发放市场准入的国家，而 SIP 则已经从事反革命活动长达 50 多年。在独裁者巴蒂斯塔 1959 年被推翻以后，SIP 始终致力于重新恢复旧的力量关系，后来还参加了美国对古巴的封锁制裁。多年来，SIP 一直与当年的美国驻哈瓦那利益代表处、如今的美国大使馆保持着密切合作。凡是为这个企业联合会工作的人，当然必须代表其利益。有关古巴的目标之一，是推动媒体的商业化。除了施加政治影响外，那些康采恩正竭尽全力寻找商机，其长远目标自然是试图获得私人媒体进入社会主义岛国古巴的许可。

福尔克尔·赫尔姆斯多夫于 2015 年 2 月在哈瓦那出席古巴与各民族友好协会（ICAP）和德国－古巴友好协会（CUBA Sí）为"古巴五人"联合举办的招待会。左二是费尔南多·冈萨雷斯，左四是雷涅·冈萨雷斯，右二是安东尼奥·格雷罗，右一为赫尔姆斯多夫

　　在私人媒体康采恩内根据外国政府利益从事活动的，显然不仅是上层领导，而且也有很多雇员。如果断言许多记者是由情报机构付酬或至少在与情报机构合作，这种说法靠谱吗？

　　情报机构与记者合作，在这个行业里并不少见，这些记者被划归"施加影响的特工"档案分类栏目之下。在德国联邦情报局，则把这类记者称为"特殊关系"。这些称谓已经把他们在情报机构活动中的职能和意义描述得相当贴切了。对这类记者来说，金钱往往并不是最重要的，更加有利可图的是可以得到承诺和期待，从而常常比较容易获得"顶级信息"，或者在情报机构领导人举办特殊信息发布会时获得邀请名单上的一个位置。① 情报部门以不同的方式向已被招募的记者表示感谢。但是另一些记者，那些对情报机构持批评态度，公开报道例如德国联邦宪法保卫局等情报机构工作，甚至胆敢公布内部信息的媒体代表，则有遭到迫害的危险。2015 年针对网络政策博客记者的叛国罪调查，证明了事态发展可以达到多么快的速度。②

---

① 有关大众媒体与情报机构之间合作的详细信息，可以参见 4 位记者和前中央情报局特工人员菲利普·艾奇（Philipp Agee）组成的一个写作小组于 1986/1987 年出版的、非常值得一读的《令人毛骨悚然的特殊通道——情报机构滥用媒体揭秘》一书。

② 2015 年 2 月和 4 月，德国知名博客"网络政策"［Netzpolitik. org］的两名记者马尔库斯·贝克达尔（Markus Beckedahl）和安德烈·迈斯特（Andre Meister）先后发表了两篇报道，指出德国联邦宪法保卫局计划加强互联网监控，遭到宪保局的指控，德国总检察长哈拉德·朗格（Harald Range）遂以"泄露国家机密"为由展开调查。这项调查激起德国民众特别是媒体业的强烈抗议，德国联邦司法部长海科·马斯（Heiko Maas）不得不于 8 月 4 日对调查行动提出质疑，并在与默克尔总理协商后宣布解除朗格总检察长的职务。——译注

如同朱利安·阿桑奇①和爱德华·斯诺登案件一样，对情报机构非法行为的追究对象，往往不是负责任者，而是发现并揭秘者。德国、欧洲和美国在要求古巴实现更多信息自由、新闻自由和舆论自由的同时，自己却对这些基本权利不断地加以限制。

曾经在美国昔日的利益代表处和今日的大使馆内受到培训的几位特工人员，这些所谓的持不同政见者或独立记者，要求在古巴推动一场"阿拉伯之春"。"哈瓦那－迈丹"这个名词也开始流行于世。这是准备一场"软革命"的序幕。这场戏的剧情将如何发展？有没有一个剧本？

美国领导人把"软革命"或"颜色革命"视为——与军事干预相对应——"第二条道路"，其目的是推动一国权力或政权从内部实现更替，而美国只需向实施行动的势力提供后勤援助的保障。在实际工作中，非政府组织在美国和国外组织"教官"培训，再由教官在当地训练积极分子，并协调其实施示威活动和其他行动。为了组织各种颜色的"革命"，这些教官常常从一个国家穿梭到另一个国家，从一场活动奔波到另一场活动。为此，他们需要全球通联的现代化手段，用手机和电脑快速整合并协调各种行动。这是此类运动的特征，体现了操纵此类行动的高效手段。无论过去还是现在，有一本教材的作用不可低估——

① 维基解密创始人 Julian Assange——译注

吉恩·夏普撰写的小册子《从独裁到民主——解放指南》①。这本讲述"软革命"理论的小册子首次发行于1993年，迄今已翻译成30种语言，包含有"以非暴力手段推翻政府"的行动指南，被全世界"持不同政见者圈子"奉为必须研习的圣经。我推荐那些有兴趣了解颜色革命如何准备、组织、实施的人，好好读一读这本书，它也有德文译本。第一批在塞尔维亚推动颜色革命的积极分子的组织名为"Otpor"②，其经验在1990年被奉为"夏普理论"。这一理论早在1973年出版的夏普著作 *The Politics of Nonviolent Action* 中就已经提出。为了将这一理论付诸实践，夏普物色了美国国防情报局（DIA）一位退役上校作为伙伴。此人名叫罗伯特·L.赫尔维，在媒体中以"颠覆帮手"和"革命专家"著称。他因在推翻贝尔格莱德、巴库和基辅政府的行动中做出贡献而名声大噪。赫尔维在巴尔干、近东和拉丁美洲地区对"非政府组织"进行特殊教学。

2015年7月底，来自拉美和加勒比地区23个国家的

---

① 吉恩·夏普（Gene Sharp）出生于1928年1月21日，是一位哲学、政治学和社会学学者，拥有美国俄亥俄州立大学文学学士和文学硕士以及英国牛津大学政治理论哲学博士学位，还被授予曼哈顿学院法学博士和里维耶学院人道服务荣誉博士学位，以对权力和非暴力运动的著述而闻名，被视为"全球茉莉花革命教父"和"非暴力战争的克劳塞维茨"。夏普曾于1994年到访台湾，对民进党的蔡英文面授机宜，以推动建构台湾"群众性公民防卫"的相关立法来"对抗强权侵略和维护公民权益"。——译注

② 1998年，夏普及其助手组建了反对米洛舍维奇的青年组织"Otpor"，意为"反抗"，两年后米洛舍维奇政府垮台。——译注

100 多个左翼政党和组织，在圣保罗举办研讨会。会上对美国正在进行的一场隐蔽战争和一次大规模帝国主义反攻发出了警告，并指出美国和国际右翼势力的目标不仅是古巴，而且聚焦所有进步政府。您认为拉美地区的政权更替也会像世界其他地区一样被迫采取军事行动吗？

帝国主义领导势力当然时刻拥有两种选择，或者是军事干预，或者是"软革命"。但是，国际政治气候和国际力量对比的变化，使得帝国主义者越来越难选择赤裸裸的、残暴的军事武力手段。因此，他们现在加紧谋划各种非军事性干预的计划。然而拉美地区的一系列政变企图的实际案例，证明这类颠覆行动绝不可能毫不使用暴力。

如您所说，民主德国时期的侦察总局对敌方情报机构的目标和行动方式了如指掌。但是，这些情报并不能挽回民主德国社会主义体制走向灭亡的命运。根据您自身的经验，您认为情报工作有哪些可能性和局限性？

欧洲社会主义体制的内部爆炸经验表明，即使高素质的情报机构也无法挽救一个正在自身瓦解的、得不到大多数民众支持的政治体制。这是一个政策问题。第一，其政策必须符合大多数民众的利益；第二，其政策必须有透明度，必须公开地加以阐明。如果做不到这几点，或者没有这样做，情报机构无法阻挡一个体制的颓势。只有法西斯独裁或军事政权，例如佛朗哥统治下的西班牙、萨拉查统治下的葡萄牙或者南非种族隔离政权，因其本质就是非常明确地压迫大多数民众，才能在一段时间内以残忍的恐怖手段维持其统治。所有这些独裁政权的一个典型特点是，他们都得到了美国和其他西方国家，包括德国的支持。而那些为大多数人民谋利益的政府，则只有在大多数人民的支持下，或者至少得到广泛民众支持的情况下，才能长久保持稳定。为了达到这一目的，必须依靠政策和信息工作，而不是情报工作。情报工作从来都不是政策的塑造者，却永远是政策的服务者。只有在政治领导者与情报领导者之间，就其任务与工作分工的可能性和局限性达成相互谅解，情报工作才能恰如其分地扮演好自己的角色，也就是为决策提供高效辅助。

我作为一个外行似乎这样理解，即古巴的情报机构、社会主义宪法和社会秩序的保卫机构，其工作方式应当与前民主德国有所区别。民德情报人员在国家沦亡后公开讲述其情报行动，渗透在宪法敌对团伙中的间谍人员公布了他们了解的情况，古巴特工小组"古巴五人"在国内和整个拉美地区被尊为英雄，所有这一切导致打击反革命的斗争变得透明化了。我的印象正确吗？如果我看的没错，那么您的看法是什么呢？

您的观察和描述基本靠谱。在早年间与古巴情报部门代表的接触中，我也对这样的政治需求和主动地、政策性地利用侦察情报的能力感到惊讶。在我看来，这是古巴人的一个强项，他们懂得如何向民众做宣传，让他们知道情报工作符合他们的利益。"古巴五人"就是一个例子，说明民众把侦察员及其工作等同于国家安全利益。相反，美国机构和美国媒体、流亡古巴人反动团伙和古巴的体制反对者，尽管想方设法把古巴侦察员贬损为间谍、密探和罪犯，但是一切诋毁都徒劳无功。而民主德国的情报工作则大大不同，它受到苏联安全机构政治条令的过度羁绊，如此主动地、透明化地利用情报机构将会面临很大的障碍。

您不久前曾经强调了对一场全新质量的信息战争，即Cyber Warfare 的警惕性。究竟应该怎样理解信息战？信息战对拉丁美洲和古巴的未来意味着什么？

信息技术运用的迅猛发展，为军事战略开辟了新的作战可能性。模拟空间已经成为新的战场。对数据化体系所有生死攸关程序的依赖性，开辟了摧毁全人类生命基础的全新可能性。这是现代化生产力发展的一个后果。其结果是，军事战略家们认识到"模拟空间"是一个新的战略维度，因而正在研究许多进一步提升电子战能力的项目。干扰、操纵或关闭数据生命线，可以导致整个社会陷入崩溃。这种战争可以威胁全球所有国家，从而也包括拉丁美洲。从这个意义上看，古巴因其地缘战略位置而面临特殊的危险——但是古巴领导层的专家们十分清楚这一点。古巴在进入一个新时代的道路上，一方面在经济上逐步实现建设富裕的、可持续发展之社会主义的目标，另一方面也面临着新的风险和危险。我认为，抵御这种危险的途径就是提升情报能力。古巴安全部门在这方面拥有丰富的经验。但是，走向一个生产力不再被用作破坏力的国际社会，仍然任重而道远。

结束语：
古巴的继续存在，承载着
"可以建设另一个世界"的希望

福尔克尔·赫尔姆斯多夫送来了谈论古巴问题的又一本书。此次的目光投向了政治、经济和社会以外的军事和安全政策领域。

自从劳尔·卡斯特罗与贝拉克·奥巴马宣布重新恢复1961年中断的关系后，已经过去一年了。在美国首都华盛顿，而不是联合国所在地纽约，飘扬着社会主义古巴的国旗，而在哈瓦那则飘扬着美国的国旗。双方的大使馆已经开始工作。使馆建起来了。但是建馆的目的是什么，还需要观察。劳尔·卡斯特罗在联合国全体大会上发言时说："如今开始了关系正常化的漫长而复杂的进程。"他还补充说明了这一进程的框架条件，这些条件正是我们在继续声援古巴时所应给予关注的。他说：要想实现关系正常化，"首先应当结束对古巴的经济、贸易和金融封锁，应当结束广播电视的非法宣传，结束其他针对古巴的颠覆和破坏稳定纲领，应当对我国人民迄今为止仍在遭受的人员和经济伤害做出赔偿。"这些框架条件也应被德国外交政策所接纳，并应由此引导出自己的反思。

德国外交部长弗兰克－瓦尔特·施泰因迈尔于 2015 年 7 月访问了古巴。我们当时认为：迟到总比太迟了好一些。其他欧盟国家的外交部长和法国总统已经先此访问古巴，进行了内容丰富的谈话，并达成了具体的协议。如今应当领悟时代的信号，不应再纠结于错误的、带有意识形态色彩的旧俗。如今应当谋求关系正常化，而不是企图"通过接近促使演变"。接近政策，其实是拉丁美洲各国左翼政府塑造的。委内瑞拉、玻利维亚、厄瓜多尔和中南美洲许多其他国家，发出了声援古巴的新信号。这个社会主义岛国，如今不再像 20 世纪 70 年代和 80 年代那样向外国输送军事援助，而是重点在卫生和教育方面成为广受欢迎、极其活跃的施援国。这个世界上的数万名儿童——尤其是在我们地球上最贫穷的各个地区——得到了古巴医护人员的帮助，数百万人感谢古巴为他们恢复了视力，数十万人在古巴教师的帮助下学会了读书和写字。当德国和美国还在讨论是否派员参与打击埃博拉疫情时，古巴的援助者早已来到了西非现场。

我们当然希望以此书赢取对古巴的理解和声援；但是书中的所有答案已经表明，我们关注的是更大范围的框架条件，理应同样引起对德国政策的思考。为了避免引发滥用教皇在古巴布道演说内容的嫌疑，这里仅仅引用教皇 2015 年 9 月 24 日在华盛顿美国国会上说过的几句话。

"把现实随意地划分为好的和坏的，或者随意划分为仁者和歹徒，那就是过于粗陋的简单化。当今世界，我们的许多兄弟姐妹正在忍受着破裂伤口的痛苦。这个世界要求我们背离那种试图把一切都划分为两种标准的分裂形式。我们知道，我们在努力摆脱外来敌人的同时，却可能正在接近内在的敌人。与其对暴君和凶手以牙还牙，莫如取代他们的位置。……我们的答案，必须是一个给予希望和精神解脱的答案，是一个和平与公正的答案。"

正是本着这个初衷，本书的贡献是可以帮助读者从军事和安全政策角度找到重要答案。本书不是在描述昨天，而是把昨日的经验与今日的现实结合在一起，并指出明日的危险。两大角度的答案中，有一点结论是相同的：指出美国追求世界霸权主义角色的本质，指出美国为了贯彻其企图无所不用其极。这样的一种观察不是反美，而是反帝——反对一切追求帝国主义的势力。弗里茨·施特雷利茨几十年来一直专长于军事战略分析和古巴问题；他在书中阐述的几点经验和评估，可以对未来面临的潜在挑战带来启示。

有一个结论也许已经明确：美国和许多欧盟国家促使古巴体制演变的目标是确切的，但同时也存在着矛盾。经济开放的古巴，势必唤起那些追逐利润者的贪婪；经济强盛的古巴，却可以赢得社会和社会主义的稳定。作为攻击社会主义古巴的政治武器，"人权"话题仍在继续。正是在这个方面，德国左翼党及其议会党团领导层不应当透过议会议长和其他人观察古巴的有色眼镜去看问题。克劳斯·艾希纳在本书中擦去了某些虚假光泽，指出了那些足以危及古巴革命无可争议之胜利成果的根部毒瘤。

我们通过谈话得出了结论：在经历了猪湾侵略和欧洲现实社会主义的终结之后，今日古巴面临着历史上最大的挑战。古巴所有的朋友都会证实切·格瓦拉的那句话："团结声援是各国人民的温情。"当他的同乡方济各教皇在古巴圣地亚哥"El Cobre"大教堂向古巴民众呼唤"像玛利亚一样接受温情革命的引导"时，我们这些事实上的欧洲左翼社会主义革命者就不应该裹足不前了。

2016年4月在哈瓦那召开的古巴共产党第七次代表大会，将在总结成就、分析错误的基础上，为社会主义现代化的进程和社会主义的巩固指明方向。已经起步的世代交替将继续下去，"可以建设另一个世界"的希望将继续下去——这不仅是拉丁美洲的希望，也是我们的希望。对美洲大陆第一个社会主义国家发展道路的分析和谈论将继续下去。与此同时，对古巴的声援也可以增强我们自己的信心和力量。

汉斯·莫德罗

2015年12月于柏林

谈话伙伴简历

　　汉斯·莫德罗（Hans Modrow），1928 年出生，1945 年 17 岁时成为苏联战俘，1949 年在反法西斯学校毕业后回到德国。他从事青年团工作，曾担任自由德国青年联盟（FDJ）中央委员会书记、柏林专区青年联盟第一书记。后来，在德国统一社会党担任不同职务。1971～1973 年担任统一社会党中央宣传部部长，1973 年当选德累斯顿专区统一社会党第一书记。汉斯·莫德罗于 1989 年 11 月 13 日至 1990 年 3 月 18 日担任民主德国总理。他是与古巴打交道时间最长的德国政治家。他于 1970 年第一次率领民主德国代表团访问这个社会主义加勒比海岛国，在后来的 45 年间一共去过 9

次。在民主德国终结之后，他仍以德国联邦议院议员、欧洲议会议员和左翼党元老委员会主席的身份访问过古巴。他的《改革》一书，被视为与戈尔巴乔夫政策公然辩论的典范著作，被翻译成英文、西班牙文、俄文、中文和保加利亚文。他曾撰写有关历史和时政的诸多书籍和出版物，并于 2015 年在德国 Wiljo Heinen 出版社发行了与福尔克尔·赫尔姆斯多夫合著的《铁砧或铁锤——有关古巴的谈话》一书。

弗里茨·施特雷利茨（Fritz Sreletz），1926 年出生于一个工人家庭，退役上将。1941～1943 年在一个士官预备役学校学习，1944 年进入一个士官学校。1945 年 2 月～1948 年 10 月在苏联战俘营度过。1948 年加入德国统一社会党（SED），并加入德国人民警察担任军士长。曾两次前往苏联进修，之后于 1964 年被授予少将军衔。1971～1989 年担任民主德国国防委员会（NVR）秘书，1979～1989 年担任国防部副部长、国家人民军总参谋长、华沙条约组织联合武装力量副总司令。民主德国加入西德后，前国防委员会所有成员均遭到司法迫害。1991 年被捕入狱，在拘留所关押 28 个月后被判处 5 年又 6 个月刑期。1997 年 10 月获释。弗里茨·施特雷利茨坚定不移地信仰社会主义，致力于还原民主德国历史真相，反对刻意贬毁的一面之词。他撰写了许多时政著作和文章。2015 年，他与前国家人民军其他高级军官联合发起"军人为了和平"倡议。

克劳斯·艾希纳（Klaus Eichner），生于 1939 年，是前德意志民主共和国国家安全部侦察总局上校。他毕业于图林根州温迪施洛伊巴（Windischleuba）的一所高中，并加入自由德国青年联盟（FDJ）。自 1957 年起成为德国统一社会党（SED）成员。作为国家安全部工作人员，艾希纳起初在反间谍部门奉职。获得洪堡大学法律学函授硕士学位后，他成为侦察总局侦察局工作人员。自 1974 年起成为反间谍局（侦察总局第 9 局）的分析员，主要针对美国情报机构。自 1987 年至侦察总局解散，在第 9 局（反间谍局）C 处（整编与分析处）担任处长和首席分析员。克劳斯·艾希纳如今是自由作家和出版者，发表了许多时政作品，其中包括有关民主德国侦察机构、美国情报部门活动以及针对拉丁美洲进步力量的恐怖活动等著作。2015 年 8 月，在东部出版集团（edition ost）出版了关于德国联邦情报局原司局级女官员、民主德国侦察员加布里埃莱·加斯

特的作品《潜伏在联邦德国中央的间谍》（Agentin in der BRD – Zentrale）。

福尔克尔·赫尔姆斯多夫
（Volker Hermsdorf），1951 年出生，记者、工会工作者，毕业于汉堡大学法律和政治系，曾任《汉堡早报》编辑。1983 至 2012 年任德国金属工业协会（IG Metall，德国规模最大、影响力最大的工会。——译注）海港地区行业报纸的编辑。如今以自由作者的身份为德国《青年世界报》、奥西茨基出版社（Ossietzky）、毕尔巴鄂"古巴信息"网站等媒体供稿。在多次前往拉丁美洲和加勒比海地区之后，于 1982 年首次前往古巴，之后每年访问这个岛国。近年来，每年在哈瓦那生活数月，从岛国发出新闻报道，并将古巴视为第二故乡。他曾出版有关古巴的以下书籍：《哈瓦那——文化、政治、经济》（奥西茨基出版社，2015 年），《铁砧或铁锤——关于古巴的谈话》（与汉斯·莫德罗合著，Wiljo Heinen 出版社，2015 年），《古巴革命》（Papy Rossa 出版社，2015 年）。

大事年表

1959 年 1 月 1 日 菲德尔·卡斯特罗领导的起义军接管政权，被推翻的独裁者富尔亨西奥·巴蒂斯塔在此之前随身携带 4000 万美元仓皇逃出古巴。

1959 年 1 月 8 日 革命者胜利开进哈瓦那。菲德尔·卡斯特罗获得武装力量"革命总司令"（Comandante en Jefe）的荣誉称号。

1959 年 12 月 11 日 美国总统艾森豪威尔批准中央情报局关于"在一年内推翻卡斯特罗并派遣一个亲美政权"的计划。该计划包含在古巴展开"电台宣传攻击"和建立"亲美反对派"等措施。

1960 年 2 月 苏联部长会议副主席阿纳斯纳斯·米高扬访问哈瓦那。苏联承诺向古巴提供 1 亿美元贷款，并签署一项以石油换食糖的协议。

1960 年 5 月 8 日 哈瓦那与莫斯科重新恢复 1952 年被巴蒂斯塔中断的两国外交关系。

1960 年 7 月 6 日 美国总统艾森豪威尔以一道古巴食

糖进口禁令展开了美国针对古巴的经济战。

1960 年 8 月 6 日 菲德尔·卡斯特罗宣布将美国石油公司、发电厂和电话公司收归国有。

1960 年 9 月 28 日 成立革命国防委员会（CDR）

1960 年 10 月 13 日 古巴各银行和食糖厂实行国有化。

1960 年 12 月 13 日至 17 日 古巴革命领导人切·格瓦拉访问民主德国。

1961 年 1 月 3 日 美国中断与古巴的外交关系。

1961 年 1 月 11 日 古巴开展全国扫盲运动。

1961 年 4 月 13 日 美国间谍纵火烧毁哈瓦那颇受欢迎的 El Encanto 百货大楼，导致一人死亡、多人受伤。

1961 年 4 月 15 日 一批带有伪装的古巴主权标志的飞机，从美国中央情报局在中美洲的基地起飞，轰炸了古巴各军用机场。

1961 年 4 月 16 日 在前一天轰炸牺牲者的葬礼上，菲德尔·卡斯特罗警告说，美国即将发动干预行动。他说："这是一场为了普通百姓利益、由普通百姓领导和参与的社会主义民主革命。"这位总司令由此宣示了古巴革命的社会主义性质。

1961 年 4 月 17 日 美国在猪湾发动突袭，在美国中央情报局训练营里受过训练的 1500 名雇佣军登陆猪湾。古巴革命武装力量和民兵在卡斯特罗的指挥下于 72 小时内战胜了侵略军。

1961 年 12 月 22 日 古巴宣布全国扫盲运动结束，

"成为没有文盲的国土"。

1962 年 1 月 22 日　在美国的提议下，美洲国家组织（OAS）开除古巴。

1962 年 2 月 7 日　猪湾袭击失败后，美国总统肯尼迪中断了美国与古巴之间的所有商务关系。两周之后，又禁止了原料产自古巴的第三国商品进口。自 1962 年 10 月起，凡是曾经前往社会主义岛屿古巴的轮船，至少在 6 个月里不得停靠任何美国港口。这些封锁行动的目的是，"通过禁止供货和禁止付款，在经济上予以削弱，从而导致其收入下降，导致其饥饿、贫困和绝望，进而推翻其政府"。

1962 年 3 月 14 日　肯尼迪总统批准一项代号为"獴作战"的计划，内含 30 多项"作战措施"，目的是"有助于推翻共产党政权"。其中包括各种宣传行动、袭击政府成员、打击经济、派遣美国特种分队前往古巴行动、破坏甘蔗地和工厂、在港口布雷、武装反对派组织、为 1962 年 10 月的下一次袭击预做准备等措施。

1962 年 10 月 22 日　导弹危机开始。肯尼迪总统签署了海上禁令，旨在强迫苏联从古巴撤出导弹。这些导弹是苏联在古巴政府同意下部署在古巴的，目的是阻止美国对古发动再次进攻。莫斯科和华盛顿经过秘密谈判达成了撤除导弹的协议，但是并未通告古巴政治家和政府机构。肯尼迪也做出了美国不会进攻古巴的保证。

1963 年 1 月 14 日　古巴在国际法基础上承认民主德国。联邦德国根据"哈尔斯坦主义"立即中断与古巴的外交关系。

1963 年 4 月 27 日至 6 月 3 日　菲德尔·卡斯特罗对苏联进行其首次国事访问。在卡斯特罗对苏联单独了结导弹危机的做法感到恼怒之后，此行旨在重新建立双方信任。

1965 年 4 月　切·格瓦拉离开古巴，前往刚果支持游击队战士。

1965 年 4 月 28 日　美国军队开进多米尼加共和国，镇压人民起义，以阻止"共产主义危险"。共杀害 5000 多名多米尼加人。美国总统约翰逊声称："我们不允许加勒比海地区再出现一个古巴。"

1965 年 10 月 3 日　古巴共产党（PCC）成立。菲德尔·卡斯特罗当选中央委员会第一书记。他宣读了切·格瓦拉的告别信，并解释了切·格瓦拉缺席的原因。

1966 年 11 月　美国国会通过《古巴调整法案》。根据这一法案，凡是踏上美国国土的古巴公民，包括"非法"入境者，均可申请永久居留。

1967 年 10 月 9 日　切·格瓦拉在玻利维亚被捕后，被一名当地军人奉美国中央情报局之命枪杀。

1967 年 10 月 18 日　菲德尔·卡斯特罗向古巴人民通报了切·格瓦拉的死讯。

1969 年 10 月 14 日　奥洛夫·帕尔梅当选瑞典首相。这位社会民主党人与菲德尔·卡斯特罗进行会谈，开始了与古巴的谈判。

1969 年 10 月 21 日　威利·勃兰特在联邦德国当选总理。他也与古巴展开谈判，并会见了菲德尔·卡斯特罗。

1970 年 7 月 26 日　菲德尔·卡斯特罗在哈瓦那革命

广场的演讲中，宣布对未能实现收获 1000 万吨甘蔗产量的目标承担责任。

1970 年 9 月 4 日　智利左翼的人民团结阵线（Unidad Popular）获得大选胜利。萨尔瓦多·阿连德当选总统。

1971 年 11 月 10 日至 12 月 4 日　菲德尔·卡斯特罗访问智利。

1972 年 6 月 13 日至 21 日　菲德尔·卡斯特罗首次访问民主德国。

1972 年 7 月　古巴被接纳为经互会（RGW）成员。

1973 年 7 月 3 日　第一届欧洲安全与合作会议（KSZE）在赫尔辛基召开。

1973 年 9 月 11 日　在美国中央情报局的支持下，智利右翼军方通过政变推翻左翼政府，萨尔瓦多·阿连德总统在抗击叛军的战斗中牺牲。奥古斯托·皮诺切特将军成立独裁政府，在美国的支持下对数以千计的反对派展开追踪、实施酷刑和暗杀行动。

1974 年 2 月　埃里希·昂纳克首次对古巴进行国事访问。

1975 年 1 月 18 日　在联邦德国单方面与古巴断交 12 年后，德古两国重新建立外交关系。

1975 年 8 月 1 日　赫尔辛基最后文件得以签署。

1976 年 2 月 15 日　古巴人民通过公民投票以绝对多数认可了该国第一部社会主义宪法。

1976 年 10 月 6 日　一架古巴民航飞机在爆炸后坠入巴巴多斯海面，73 名乘客和空乘人员罹难。巴巴多斯当局指称空难制造者为流亡古巴人、前中央情报局特务奥兰多·博什和同为前中央情报局特务的路易斯·波萨达·卡里莱斯。

1977 年 4 月 菲德尔·卡斯特罗第二次访问民主德国。

1977 年 9 月 1 日 美国和古巴分别在哈瓦那和华盛顿成立外交事务代表处（利益代表处）。

1978 年 7 月 28 日至 8 月 5 日 第 11 届世界青年与大学生运动会在哈瓦那举行。

1979 年 7 月 19 日 尼加拉瓜桑地诺革命胜利。

1980 年 6 月 埃里希·昂纳克对古巴进行第二次国事访问。

1982 年 4 月 2 日至 6 月 13 日 在南大西洋爆发马尔维纳斯群岛（福克兰群岛）战争，英国占领阿根廷声索的这一群岛。

1983 年 10 月 25 日 美国策划了谋杀加勒比海岛国格拉纳达总理莫里斯·毕晓普的行动，继而以此为借口发起军事侵略。在军事行动中，杀害了大批在格拉纳达工作的古巴平民。

1985 年 3 月 11 日 戈尔巴乔夫当选苏共总书记。他不久即宣布"透明度和改革新政策"。

1985 年 4 月 26 日 华沙条约宣布延长 20 年。

1986 年 2 月 菲德尔·卡斯特罗在莫斯科与戈尔巴乔夫会面。

1986 年 4 月 26 日 （乌克兰）切尔诺贝利核事故发

生。古巴立即接纳了数千名受到辐射伤害的儿童，并在哈瓦那附近的塔拉拉为这些"切尔诺贝利儿童"提供了长达数十年的治疗和疗养。

1988 年 7 月 26 日　菲德尔·卡斯特罗在一次国庆节演讲中批评了戈尔巴乔夫的改革政策，认为该政策"危险并背离社会主义原则"。

1988 年 12 月 7 日　戈尔巴乔夫在纽约联合国全体会议上宣讲苏联外交政策及其欧洲新政策。他还宣布单方面裁军 50 万。

1989 年 3 月　根据匈牙利总理拉契洛·内梅特透露，戈尔巴乔夫在一次单独会谈时向他打开了开放边界的绿灯。

1989 年 4 月 3 日　戈尔巴乔夫访问古巴。

1989 年 6 月 14 日　在哈瓦那，阿纳尔多·奥乔亚将军及几名高级军官被控贩毒罪。奥乔亚及其两名同案犯被判处死刑，并于 7 月 13 日执行枪决。

1989 年 7 月 26 日　菲德尔·卡斯特罗在其国庆演讲中提及苏联垮台以及东欧社会主义沦亡的可能性。但是他宣称，古巴革命将在极其困难的情况下继续进行下去。

1989 年 9 月 10 日　匈牙利与民主德国签署了一系列协议，向民德公民开放了匈西部边界。在之后的两个月内，约 43000 名东德人通过这一边界离开民主德国。

1989 年 11 月 9 日　民主德国向联邦德国和西柏林打开了边界。

1990 年 2 月 24 日　联邦德国赫尔穆特·科尔总理在

华盛顿与美国总统乔治·布什就统一后德国加入北约达成一致意见。

1990 年 5 月 31 日　戈尔巴乔夫与布什在华盛顿进行首脑会晤。

1990 年 7 月 4 日至 6 日　菲德尔·卡斯特罗在巴西圣保罗市参加圣保罗论坛时首次与卢拉·达·席尔瓦总统会晤。

1990 年 7 月 15 日　科尔与戈尔巴乔夫在莫斯科和北高加索进行谈判。

1990 年 8 月 29 日　古巴宣布进入"和平时代的特殊阶段"。

1990 年 10 月 2 日　民主德国于子夜停止存在。

1990 年 10 月 3 日　民主德国加入联邦德国。

1991 年 12 月 25 日　戈尔巴乔夫辞去苏联总统职务。该国从而在形式上正式终结。自苏联解体开始，与古巴的贸易关系随之终结，几乎所有供货和进口均被停止。

1992 年 2 月 4 日　乌戈·查韦斯与一伙军官在委内瑞拉试图推翻总统未遂，被逮捕并判刑 2 年。

1992 年 10 月 23 日　美国国会通过《古巴民主法案》，从而进一步加强对古巴的封锁。美方公开宣布，这一法案旨在大力瘫痪古巴经济，从而导致"在几周之内"推翻古巴领导人菲德尔·卡斯特罗。《古巴民主法案》禁止美国企业的国外子公司与古巴从事任何贸易。凡是停靠过古巴港口的船只，在 180 天内禁止停泊美国港口。此外，凡是曾经在古巴卸货或装货的船只经过美国领海时，均予扣留。该法案还禁止美国公民向古巴家人汇款或前往古巴，否则将课以罚款。

1993 年 7 月 27 日　古巴允许经营自由农贸市场，取消不得拥有外汇的禁令，允许接受国外汇款，允许开设私营小作坊。增加外汇收入的做法旨在大力发展旅游业。

1994 年 5 月 10 日　自由战士、非国大青年联盟主席纳尔逊·曼德拉当选南非第一位黑人总统。这位当年的囚犯，面对来自 170 多个国家的特使，赞扬古巴在反对种族隔离斗争中的特殊作用。

1994 年 8 月 11 日　菲德尔·卡斯特罗宣布，不会阻拦任何自愿离开祖国的古巴人。数以千计的"船工"立即尝试乘坐小艇和木筏前往美国。

1994 年 12 月 14 日　乌戈·查韦斯出狱后，在哈瓦那受到菲德尔·卡斯特罗国事访问般的隆重欢迎。

1996 年 2 月 24 日　古巴歼击机击落两架从美国起飞的恐怖组织"Hermanos al Rescate"的飞机。这两架飞机侵入古巴领空之后，拒绝回答身份问询，并且没有理睬古方要求其离开空域的喊话。

1996 年 3 月 5 日　美国国会通过"赫尔姆斯－伯顿法"，再一次加强对古巴的制裁。此法剥夺了任一总统的决策权，只有通过国会才允许取消对古制裁法案。该法案还扩大了针对第三国损害制裁行动的封锁措施。尽管该法违背了国际法，但是其中针对欧洲银行、公司和机构的规定至今仍然有效。

1996 年 12 月 2 日　根据极右立场的西班牙首相阿兹

纳尔的提议，欧洲联盟做出"共同立场"的决议。这一决议中止了欧盟现行的古巴政策。文件中规定，与这个加勒比海社会主义岛国恢复正常关系的前提是古巴社会制度的更替。

1997 年 7 月 27 日至 8 月 5 日 第 14 届世界青年与大学生运动会在哈瓦那举行。

1997 年 9 月 4 日 意大利商人 Fabio Di Celmo 在哈瓦那 Copacabana 酒店被炸死。此次袭击的行凶者来自美国迈阿密，这是发生在哈瓦那和巴拉德罗多个酒店里的一系列恐怖袭击的一部分。其背后操纵者之一是恐怖分子路易斯·波萨达·卡里莱斯。

1998 年 1 月 21 日至 25 日 约翰·保罗二世教皇访问古巴。

1998 年 5 月 6 日 受菲德尔·卡斯特罗的委托，诺贝尔文学奖获得者加夫列尔·加西亚·马尔克斯向美国总统比尔·克林顿通报了流亡美国的古巴恐怖团伙在美国国土上准备针对古巴飞机、设施和平民实施袭击的进一步计划。

1998 年 7 月 12 日 恐怖分子路易斯·波萨达·卡里莱斯在接受美国纽约时报采访时得意扬扬地炫耀其 1997 年针对古巴酒店实施的连环爆炸案。他说，其恐怖活动得到了 1997 年底死于迈阿密的流亡古巴人豪尔赫·马斯·卡尼奥萨（Jorge Mas Canosa）及其古巴 – 美国民族基金会的资助。

1998 年 9 月 12 日 美国联邦调查局逮捕了一伙隐藏

在迈阿密流亡古巴人恐怖组织内部实施侦察、旨在阻止进一步袭击的古巴侦察人员。自 1959 年以来，古巴境内已经记录有 713 次恐怖袭击，死亡 3500 余人、致伤 2100 多人。被逮捕的侦察员分别是安东尼奥·格雷罗、拉蒙·拉瓦尼诺、赫拉尔多·埃尔南德斯、雷涅·冈萨雷斯和费尔南多·冈萨雷斯，以"古巴五人"而著称。在被捕之前，他们发现并阻止了多起针对祖国古巴平民和设施的暴力行动。他们之所以这样做，是因为美国当局既不对源自迈阿密的恐怖团伙采取行动，也不拘捕已经确认的恐怖分子。

1998 年 12 月 6 日 乌戈·查韦斯以 56.5% 的得票率当选委内瑞拉总统。

1999 年 1 月 17 日 委内瑞拉总统乌戈·查韦斯对古巴进行首次国事访问。

1999 年 11 月 15 日 在菲德尔·卡斯特罗的倡议下，古巴成立了拉丁美洲医学院，来自 124 个国家的大学生在这个学院接受训练。

2000 年 9 月 6 日至 8 日 联合国千禧年首脑会议在纽约确定了 2015 年前发展目标，其中包括世界饥饿和贫困人口减少一半的计划。在首脑会议之余，美国总统克林顿与卡斯特罗进行了短暂会见。

2000 年 11 月 恐怖分子路易斯·波萨达·卡里莱斯预谋在巴拿马杀害菲德尔·卡斯特罗的计划被侦破，波萨达·卡里莱斯被巴拿马警方拘捕。

2000 年 12 月 13 日至 17 日 俄罗斯总统普京访问古巴。

2001 年 1 月 25 日至 30 日 在巴西阿雷格里港举办了主题为"可以建设另一个世界"的世界社会论坛，30000多人参会。

2001 年 9 月 11 日 发生在纽约世界贸易中心和华盛顿五角大楼的恐怖袭击造成 3000 多人死亡。菲德尔·卡斯特罗谴责了恐怖袭击，表示愿意向美国机构提供支持。

2002 年 1 月 美国在关塔那摩一个非法海军基地上设立了一个监狱，开始将世界各国的俘虏运输到这个臭名昭著的酷刑中心"德尔塔营地"。

2002 年 4 月 11 日 在委内瑞拉，美国支持下的右翼寡头政治家发动推翻查韦斯总统的政变。人民和军队站在总统一边，被政变者暂时劫持的总统于 4 月 14 日在欢迎仪式中重新回到总统位置上。

2002 年 5 月 21 日 美国总统乔治·布什下令将古巴列入支持恐怖主义的国家名单。

2002 年 10 月 27 日 工会运动领导者、劳工党创始人路易斯·伊纳西奥·卢拉·达·席尔瓦当选巴西总统。

2003 年 1 月 1 日 卢拉·达·席尔瓦出任巴西总统。

2003 年 3 月/4 月 在古巴，逮捕了 70 多名反革命分子。这些人被指控与美国情报部门合作并接受美国驻哈瓦那利益代表处（SINA）的经费。

2003 年 4 月 多名嫌犯劫持一艘港口专用渡轮，强迫这艘不具备远洋能力之小船的乘员驶向公海和美国方向。劫持者被抓捕，其中三人被判处死刑。

2003 年 4 月 27 日 阿根廷政治家内斯托尔·基什内

尔以其反对新自由主义的竞选纲领当选阿根廷总统。

2003 年 6 月 作为古巴逮捕反革命分子和对三名渡轮劫持者执行死刑的"反应"，欧盟委员会宣布对古巴进行外交制裁，例如限制文化领域的合作、政府层面的访问，同时建立与"持不同政见者"的密切接触。

2003 年 10 月 31 日 乌拉圭左翼联盟进步联盟－广泛阵线（Frente Amplio）主席塔瓦雷·巴斯克斯当选乌拉圭总统。

2004 年 8 月 26 日 当巴拿马卸任女总统米雷娅·莫斯科索释放了恐怖分子路易斯·波萨达·卡里莱斯及其三名同伙后，古巴宣布与巴拿马中断外交关系。

2004 年 12 月 14 日 美洲玻利瓦尔联盟——南美洲国家贸易合作组织（ALBA－TCP）成立。南美洲国家联盟打算以此加强合作和贸易关系从而促进该地区的合作与发展。

2005 年 4 月 2 日 教皇约翰·保罗二世逝世于梵蒂冈。

2005 年 4 月 13 日 菲德尔·卡斯特罗强烈谴责美国为流亡恐怖分子路易斯·波萨达·卡里莱斯提供庇护所。

2005 年 4 月 19 日 德国红衣大主教约瑟夫·拉青格当选教皇，命名为本笃十六世。

2005 年 7 月 24 日 由阿根廷、巴西、古巴、乌拉圭和委内瑞拉共同资助的南美电视台 TELESUR 在委内瑞拉卡拉卡斯开始运营。

2005 年 9 月 28 日 美国司法做出决定，不将恐怖分子路易斯·波萨达·卡里莱斯引渡至委内瑞拉或古巴。这位曾经的中央情报局特工人员自由生活在迈阿密，继续在那里组织针对加勒比海地区各社会主义国家的恐怖活动。

2005 年 11 月 4 日至 5 日　在阿根廷马德普拉塔举行的美洲首脑会晤期间，美国总统乔治·布什企图建立以美国为主导的、从美国阿拉斯加到阿根廷火地岛的自由贸易区，这一计划未能得逞。

2005 年 11 月 17 日　菲德尔·卡斯特罗在哈瓦那大学演讲时告诫称，古巴革命应避免来自外部甚或来自"我们内部的"、"因我们自身弱点和错误"所导致的破坏。

2005 年 11 月 27 日　曼努埃尔·塞拉亚当选洪都拉斯总统。他在任期间，通过提高最低工资 60%、保障小户农民的补助、降低银行利息等措施减少了贫困现象，从而增加了精英阶层的敌意。

2005 年 12 月 18 日　玻利维亚争取社会主义运动党（MAS）主席埃沃·莫拉莱斯当选玻利维亚总统。

2006 年 1 月 15 日　智利社会主义者米歇尔·巴切莱特女士当选智利总统。她在皮诺切特总统独裁时期流亡东德，接受了完整的儿科医学教育。

2006 年 5 月 1 日　埃沃·莫拉莱斯总统宣布玻利维亚天然气资源国有化。

2006 年 7 月 31 日　菲德尔·卡斯特罗于 7 月 27 日作了一次新的手术之后，将其所有职务临时移交一个七人委员会，负责人是他的副手劳尔·卡斯特罗。

2006 年 8 月 3 日　美国总统乔治·布什要求古巴人

"现在立即转折"。

2006 年 8 月 13 日 菲德尔·卡斯特罗 80 岁生日之际，古巴媒体发表了这位革命领袖几周以来首次曝光的图像，他在走路时步履缓慢。

2006 年 10 月 17 日 美国总统乔治·布什颁布法令，允许对"国家构成威胁者"实施酷刑。

2006 年 10 月 29 日 卢拉·达·席尔瓦再次当选巴西总统。

2006 年 11 月 5 日 丹尼尔·奥尔特加当选尼加拉瓜总统。他宣布将选举胜利归功于菲德尔·卡斯特罗。

2006 年 11 月 26 日 厄瓜多尔左翼经济学家拉斐尔·科雷亚当选厄瓜多尔总统。

2006 年 12 月 3 日 乌戈·查韦斯再次当选委内瑞拉总统。

2006 年 12 月 10 日 智利前独裁者皮诺切特死于圣地亚哥。

2007 年 10 月 28 日 克里斯蒂娜·费尔南德斯·基什内尔女士当选阿根廷总统。

2008 年 2 月 18 日 菲德尔·卡斯特罗最终辞去所有国家职务，但是保留古巴共产党第一书记的头衔。2 月 24 日，劳尔·卡斯特罗当选国务委员会新任主席。

2008 年 6 月 20 日 欧盟取消自 2003 年起因古巴逮捕反革命分子和判处渡轮劫持者死刑而对其实施的外交制裁。

2008 年 8 月 15 日 巴拉圭前主教、解放神学派代表费尔南多·卢戈当选总统。他承诺将推行教育改革、增加住宅建设、引进普遍健康体系，为的是打击贫困、实行全国性改革、实现公平分配和更多公正。在当时的巴拉圭，5%的国民拥有90%的生产资料。

2008年8月25日 洪都拉斯加入左翼倾向的美洲玻利瓦尔联盟。此举于2008年10月9日获得洪都拉斯议会的批准。加入该组织的益处是，洪都拉斯小户农民可以从委内瑞拉获得总额达到3000万美元的贷款，并得到100辆拖拉机的供货。此外，委内瑞拉还支持洪都拉斯的教育、卫生和住宅建设规划。

2009年1月20日 贝拉克·奥巴马就任第44届美国总统。他是总统职位上的第一位非洲裔美国人。

2009年6月28日 洪都拉斯民选总统曼努埃尔·塞拉亚被右翼倾向的军人发动政变推翻，遂从一个美国空军管辖的基地飞往哥斯达黎加。国际社会继续把塞拉亚视为唯一合法的总统，然而只有德国自民党的瑙曼基金会对政变者表示了"理解"，并用多个出版物表达了对他们的支持。

2009年12月10日 奥巴马总统获得诺贝尔和平奖。

2009年12月15日 被洪都拉斯右翼政变军人任命为总统的企业家罗伯托·米凯莱蒂，宣布洪都拉斯将于2010年1月退出美洲玻利瓦尔联盟。

2010年2月23日 拉美和加勒比海国家共同体（CELAC）成立。该共同体成员包括美洲除加拿大和美国以外所有的33个主权国家，代表着5亿5000多万人口和

2000 多万平方公里的国土面积。

2010 年 3 月 1 日 乌拉圭前图帕马洛斯游击队战士何塞·穆希卡就任乌拉圭总统。

2010 年 10 月 31 日 巴西前游击队女战士、劳工党候选人迪尔玛·罗塞夫在第二轮选举投票中以 56% 的支持率当选巴西总统。

2011 年 1 月 1 日 迪尔玛·罗塞夫就任巴西总统。

2011 年 4 月 16 日至 19 日 古巴共产党在哈瓦那召开第六次代表大会。会前在各企业和各城区召开了 163000 多次讨论会，代表们通过了针对社会主义经济和社会秩序修订的 313 条指导方针。

2011 年 10 月 7 日 被美国逮捕的"古巴五人"侦察员中，雷涅·冈萨雷斯因表现良好而第一个被释放。剩余的两年徒刑缓期三年执行。

2011 年 10 月 20 日 在北约对利比亚不断进行空袭之后，卡扎菲上校被雇佣军射杀。

2011 年 10 月 23 日 阿根廷女总统克里斯蒂娜·费尔南德斯·基什内尔以 53% 的选票再次当选总统。2011 年 12 月 10 日举行宣誓就职仪式。

2012 年 3 月 23 日至 29 日 教皇本笃十六世访问墨西哥和古巴，期间与劳尔·卡斯特罗及其前任菲德尔·卡斯特罗进行了会谈。

2012 年 6 月 22 日 巴拉圭总统费尔南多·卢戈被一场"议会政变"推翻。

2012 年 10 月 25 日 台风 Sandy 袭击古巴海岸，造成严重后果，11 人丧生，171000 座房屋受损。16000 套住宅完全摧毁，22000 套住宅部分毁坏、无法居住。在一年之内，新建住宅 29400 套，修缮住宅和国家设施 150000 处。

2013 年 1 月 14 日　古巴政府 2012 年 10 月制定的旅行新规定开始生效。古巴公民因私出国只需拥有有效旅行护照和旅行目的地国家的必要签证。出国许可规定取消。

2013 年 1 月 20 日　美国总统奥巴马开始其第二个任期。

2013 年 1 月 28 日　古巴轮值拉美和加勒比海国家共同体主席国。

2013 年 2 月 3 日　古巴举行议会选举。860 多万选民参加了决定全国人民政权代表大会和 15 个省级议会代表组成的投票选举。全国人大由 612 名代表组成，省级议会代表总数为 1269 名。

2013 年 2 月 24 日　古巴新议会召开制宪会议。劳尔·卡斯特罗开始其国务委员会主席和部长会议主席的第二任职。他在演讲中宣布，这是他上述职务的最后一个任期。

2013 年 3 月 5 日　委内瑞拉总统乌戈·拉斐尔·查韦斯·弗里亚斯因患癌症不治病逝。

2013 年 3 月 13 日　德国籍教皇本笃十六世辞职之后，阿根廷的基督教主教豪尔赫·马里奥·贝尔格里奥当选第一位拉美籍教皇，法名方济各。

2013 年 4 月 14 日　尼古拉斯·马杜罗以 50.66% 的支持率当选委内瑞拉新总统。

2013 年 5 月 10 日　侦察员雷涅·冈萨雷斯 4 月在哈瓦那参加已故父亲的葬礼后，美国一法院裁定，允许他在放弃美国国籍后长期留在古巴。

2013 年 12 月 5 日　自由战士、前南非总统曼德拉逝世于约翰内斯堡。

2013 年 12 月 10 日　美国总统奥巴马和古巴主席劳尔·卡斯特罗在参加纳尔逊·曼德拉葬礼后首次握手。

2014 年 1 月 5 日至 7 日　荷兰外交部长弗兰斯·蒂默曼斯访问哈瓦那，他在访问期间以欧盟第一位高级代表的身份，提出了欧盟与古巴关系正常化的要求。

2014 年 1 月 27 日　在距离哈瓦那以西约 45 公里的海湾，建成加勒比海地区最大的深水港口和一个经济特区。该基地还建有一个工业中心和一个集装箱装卸场。

2014 年 1 月 28 日　在古巴民族英雄何塞·马蒂逝世 161 周年之际，劳尔·卡斯特罗在首都哈瓦那主持了拉美和加勒比海国家共同体第二次首脑会晤开幕式。

2014 年 2 月 27 日　古巴五名侦察员（"古巴五人"）中的第二名费尔南多·冈萨雷斯，在被关押 15 年又 15 天之后获得释放，于 2 月 28 日抵达哈瓦那。

2014 年 3 月 7 日至 8 日　在享有盛名的伦敦"法律协会"（Law Socirty）的一次听证会上，来自 27 国的 300 多名与会者要求美国释放"古巴五人"中仍被拘押的三名囚犯。

2014 年 3 月 11 日　社会主义者米歇尔·巴切莱特第二次就任智利总统。

2014 年 3 月 29 日　古巴议会通过一项外国人投资新法案，从而终止 1995 年制定的一些规定。

2014 年 4 月 12 日　法国外交部长在时隔 30 多年后首次访问古巴。法国首席外交官洛朗·法比尤斯与古巴同事布鲁诺·罗德里格斯，在哈瓦那就欧盟与古巴关系未来正常化话题进行会谈。

2014 年 4 月 30 日　欧盟谈判代表克里斯蒂安·雷夫勒在哈瓦那向古巴通报有关关系正常化的第一轮会谈结果。古巴方面阐述了对话兴趣，并强调，双方必须保障关系伙伴的主权，并放弃对伙伴方内政事务的干预。

2014 年 6 月 29 日　古巴于 2014 年 3 月 29 日制定的外国投资法正式生效。

2014 年 7 月 7 日　建立第二条沟通大西洋与太平洋运河的具体规划在尼加拉瓜拟定。根据这一规划，在尼加拉瓜境内打通一条全长 278 公里海岸水路的工程将于 2014 年底/2015 年初开始动工。这一项目将大大提升古巴新建的马列尔深水港的意义。

2014 年 7 月 11 日至 12 日　俄罗斯总统普京访问古巴。出访之前，普京下令免除这个社会主义加勒比海岛国在苏联时期所欠高达 350 亿美元（260 亿欧元）债务总额的 90%，其余 30 多亿美元将作为与古巴共同项目的投资款额。

2014 年 7 月 21 日至 23 日　中华人民共和国习近平主席访问古巴。两国间签署了 29 项经济、贸易、金融、农业、生物技术、文化和教育协议。习近平宣布，中国愿意与拉美和加勒比海国家共同体的其他国家一起，加强对古巴的经济和政治关系。

2014 年 8 月 27 日 欧盟与古巴在布鲁塞尔就双边关系正常化协定举行第二轮谈判。

2014 年 10 月 12 日 埃沃·莫拉雷斯以 61.36% 的选票再次当选玻利维亚总统。其第三任期将持续到 2020 年。在 2015 年至 2020 年间的立法议会任期内，莫拉雷斯的政党"争取社会主义运动"在立法国会的参众两院均再次取得三分之二多数席位。莫拉雷斯将选举胜利归功于菲德尔·卡斯特罗、乌戈·查韦斯以及"所有反对资本主义和帝国主义的拉美国家人民和全世界人民"。

2014 年 10 月 26 日 劳工党籍巴西总统迪尔玛·罗塞夫在第二轮选举中以 51.64% 的选票再次获得未来四年的总统任期。

2014 年 10 月 28 日 纽约联合国大会连续第 23 次要求美国停止对古巴已经实施半个多世纪的经贸和金融制裁措施。在 193 个联合国成员国当中，与前一年相同有 188 个国家投票赞成古巴的提案，只有 2 个国家（美国和以色列）投票反对，另有 3 个在经济上依赖华盛顿的太平洋小国（帕劳、密克罗西亚和马绍尔群岛）投了弃权票。

2014 年 10 月 29 日 英国外交国务大臣雨果·斯瓦尔作为 10 年后首位来自伦敦的部长再次访问了古巴。

2014 年 11 月 23 日 西班牙外交大臣何塞·曼努埃尔·加西亚·马加略抵达哈瓦那做多日访问。其与古巴政府各位代表会谈的主要内容是改善关系和经济议题。

2014 年 11 月 30 日 乌拉圭左翼联盟主席塔瓦雷·巴斯克斯在第二轮选举中以 53.6% 的选票再次当选总统。他的五年任期将从 2015 年 3 月 1 日开始。巴斯克斯的第一任期是 2005 年至 2010 年。在 10 月 26 日的国会选举时，左翼联盟已经在众议院拥有绝对多数，并也能在参议院拥有相对多数。前任总统何塞·穆希卡如今也进入了参议院，因为根据该国宪法他不得在 2014 年再度出任总统候选人。

2014 年 12 月 17 日 仍在美国监狱中拘禁的"古巴五人"中的其他三名侦察员（安东尼奥·格雷罗、拉蒙·拉瓦尼诺和赫拉尔多·埃尔南德斯），在监禁超过 16 年以后获得释放并回到古巴。与此同时，古巴遣返了两名美国间谍。此外，古巴主席劳尔·卡斯特罗和美国总统奥巴马在同时播出的电视节目中同步发表各自国家的政府声明，重新恢复美国 1961 年单方面中断的两国外交关系，并进入"正常化"阶段。

2014 年 12 月 22 日 大西洋与太平洋之间新运河的建筑工程在尼加拉瓜开始动工。

2015 年 1 月 1 日 古巴革命胜利 56 周年。"古巴五人"侦察小组的所有 5 名成员全部出席革命庆典。

2015 年 1 月 22 日 古巴与美国双边关系正常化谈判在哈瓦那举行。美方代表为负责拉美事务的副国务卿罗伯塔·雅各布森女士，古方代表是外交部美国问题女专家何塞菲娜·维达尔（Josefina Vidal Ferreiro）。

2015 年 1 月 26 日 古巴革命领导人菲德尔·卡斯特罗在写给大学生组织 FEU 的一封信中表达了对美国的不信

任，但同时表示赞成以和平方式解决冲突。他在信中写道："我不相信美国的政策……但是这丝毫不意味着我拒绝以和平方式解决冲突或战争危险。"

2015 年 1 月 28 日　拉美和加勒比海国家共同体在哥斯达黎加贝伦举行首脑会晤。劳尔·卡斯特罗在会上强调，哈瓦那愿意与华盛顿实现关系正常化，但是前提是结束对古制裁、交还关塔那摩海湾被占领土、停止美国针对古巴的颠覆行为、修复因制裁造成的伤害以及从华盛顿支持恐怖主义的国家名单中删除古巴等。

2015 年 2 月 10 日　韩国外交部长伊炳世在首尔宣布，恢复与古巴之间 1961 年中断的关系，实现两国关系正常化。

2015 年 2 月 13 日　俄罗斯国防部长谢尔盖·绍伊古在访问南美期间逗留哈瓦那，与古巴领导人就经济和军事合作问题进行会谈。

2015 年 2 月 23 日　古巴共产党中央委员会在哈瓦那召开第 10 次全会。全会决议之一是在下次议会选举之前（2018 年）拟定一项新的选举法，并宣布将于 2016 年 4 月 16 日召开古巴共产党第七次代表大会。

2015 年 2 月 27 日　古巴和美国在华盛顿进行关系正常化第二轮谈判。

2015 年 3 月 1 日　2014 年 12 月再次当选乌拉圭总统的塔瓦雷·巴斯克斯在国会两院宣誓就职。

2015 年 3 月 12 日　意大利外交部长保罗·真蒂洛尼在哈瓦那受到其古巴同行布鲁诺·罗德里格斯的欢迎。

2015 年 3 月 4 日至 5 日　古巴与欧盟代表在哈瓦那举行第三轮会谈，目的是拟定一项政治对话与合作的协议。

2015 年 3 月 12 日　德国第二大银行商业银行承诺，愿意就违反美国制裁令与古巴进行交易而向美国支付罚款 14.5 亿美元（13 亿欧元）。

2015 年 3 月 16 日　古巴与美国在哈瓦那举行第三轮关系正常化谈判。

2015 年 3 月 23 日至 24 日　欧盟委员会副主席兼外交和安全政策高级代表费代丽卡·莫盖里尼在哈瓦那与古巴政府代表举行会谈。这位首席女外交官声明，其来访是一个"政治脉冲"，以推动去年 4 月开始的欧盟与古巴关系正常化对话。

2015 年 3 月 24 日　俄罗斯外交部长谢尔盖·拉夫罗夫在哈瓦那宣布了"在能源和民用航空领域的各个大型联合项目"，并称还计划在生物技术、医药生产以及健康和交通领域展开其他"重要的合作"。

2015 年 3 月 27 日　设在迈阿密的美国国立宣传电视台"MARTI 广播与电视台"的监事机构，要求将年度预算增加 12%，达到 3030 万美元。作为破坏古巴稳定的一项计划，该电视台自成立以来已经花费了纳税人 7 亿 7000 多万美元。古巴主席劳尔·卡斯特罗声明："只要这类违反国际权益的广播与电视节目不停止，双边关系就不可能正常化。"

2015 年 4 月 10 日　美洲国家组织（OAS）在巴拿马举行第 7 次美洲首脑会晤，所有拉美和加勒比海国家以及美国和加拿大均参会。会上首次邀请了古巴（迫于美国压力，自1962年以来古巴被排挤在所有委员会和会晤之外）。美国和加拿大直到最后一刻还在试图阻拦这个加勒比海社会主义岛国前往巴拿马，但是因美洲其他33个国家的一致反对而未能得逞。当晚，劳尔·卡斯特罗与奥巴马互相握手问候。劳尔·卡斯特罗的演讲获得了此次首脑会晤最长时间的掌声。

2015年4月11日　在巴拿马美洲首脑会晤结束之前，劳尔·卡斯特罗与奥巴马举行了一次会谈。

2015年4月14日　美国总统奥巴马向国会通报称，他打算将古巴从13年前罗列的支持恐怖主义国家的名单中删除。国会有45天时间表明立场，逾期后这一决定将生效。

2015年4月19日　古巴呼吁850多万古巴选民参加每两年半举行一次的地方选举。

2015年4月20日　国家选举委员会通报，850多万拥有选举权者中超过750人参加了地方选举投票，88.3%的投票率仅仅低于2012年10月的上一次选举（91.9%）。由反对体制者代表的两个选区——贝达多城区和阿约罗纳兰霍县区，获得比竞争者明显少的选票。根据选举委员会的统计，女性议员的比例上升到34.9%，未来新议员中14.9%为年轻人。63400位16岁以上的新选民第一次参加了此次选举。

2015年4月20日　古巴外长布鲁诺·罗德里格斯抵达了欧洲之行的第一站巴黎。

　　2015 年 4 月 22 日　来自哈瓦那的外长布鲁诺·罗德里格斯与欧盟外交事务高级代表费代丽卡·莫盖里尼在布鲁塞尔达成一致，加快欧盟与古巴的谈判进程。

　　2015 年 4 月 29 日　岸田文雄作为 1929 年日本与古巴建交以来第一位日本外相抵达哈瓦那，并受到革命领导人菲德尔·卡斯特罗的接见。陪同岸田外相访问的还有一个显赫的经济代表团。

　　2015 年 5 月 1 日　"古巴五人"侦察小组所有成员首次获得"古巴共和国英雄"称号。他们共同参加了 5 月 1 日的庆典活动。

　　2015 年 5 月 6 日　在对阿尔及利亚进行为期三天的国事访问之后，劳尔·卡斯特罗在莫斯科与俄罗斯总理梅德韦杰夫举行了双边会谈。

　　2015 年 5 月 9 日　古巴主席劳尔·卡斯特罗与委内瑞拉总统尼古拉斯·马杜罗一同参加了苏联红军战胜德国法西斯 70 周年阅兵式。

　　2015 年 5 月 10 日　劳尔·卡斯特罗在梵蒂冈方济各教皇的私人官邸作客，接着在罗马受到意大利总理马泰奥·伦齐的欢迎。

　　2015 年 5 月 10 日　法国总统奥朗德抵达哈瓦那，成为第一位访问这个加勒比海岛国的法国国家元首。他把此行称为"历史性"的访问。

　　2015 年 5 月 11 日　奥朗德总统在哈瓦那大学演讲时要求美国结束对古巴的制裁，并称法国将尽一切努力结束"这种严重阻碍古巴发展的措施"。接着他会见了劳尔·卡斯特罗主席。

2015 年 5 月 19 日至 20 日　塞尔维亚总统托米斯拉夫·尼科利奇对古巴进行正式国事访问。

2015 年 5 月 21 日至 22 日　古巴与美国第四轮关系正常化谈判在华盛顿举行。

2015 年 5 月 29 日　美国国会审议将古巴从支持恐怖主义国家名单中删除的 45 天期限于当日子夜到期。美国官方《联邦公报》6 月 1 日的出版标志着该决定正式生效。

2015 年 6 月 10 日至 11 日　欧盟 28 国代表与拉美和加勒比海国家共同体 33 国代表在布鲁塞尔会晤。所有与会国在会议公报中批评美国自 1962 年以来的坚持制裁对"古巴人民造成了过度的人道后果"。会议决议指出，这些制裁也"阻碍了古巴与欧盟和其他国家之间经济关系的合理发展"。

2015 年 6 月 15 日至 16 日　古巴与欧盟代表在布鲁塞尔进行第四轮谈判。

2015 年 7 月 1 日　古巴主席劳尔·卡斯特罗和美国总统奥巴马宣布恢复外交关系，并于 2015 年 7 月 20 日开设双方大使馆。

2015 年 7 月 16 日至 18 日　德国联邦外长弗兰克 - 瓦尔特·施泰因迈尔访问古巴。他与劳尔·卡斯特罗的会谈围绕着两国在经济领域的合作议题。在与外长布鲁诺·罗德里格斯会晤时，签署了两项关于政治、文化和经济合作的协定。

2015 年 7 月 20 日　古巴大使馆在华盛顿隆重开幕。

布鲁诺·罗德里格斯外长在国务院会见美国同行克里时，再次要求"结束违反国际法的经济、贸易和金融制裁"，并将此作为两国关系正常化不可放弃的前提条件。

2015 年 7 月 24 日 在菲德尔·卡斯特罗和乌戈·查韦斯 10 年前倡议下成立的拉丁美洲 Telesur 电视台，此时迎来了纪念庆典，于自由战士西蒙·玻利瓦尔诞辰 222 周年纪念日当天首次播放节目，这个左翼新闻渠道的共同拥有者是委内瑞拉、阿根廷、玻利维亚、厄瓜多尔、古巴、尼加拉瓜和乌拉圭。

2015 年 8 月 1 日 在墨西哥城召开的第 21 届"圣保罗论坛"闭幕。来自拉美和加勒比海地区 23 个国家的 104 个左翼政党和组织，以及来自欧洲、亚洲和非洲的客人，一起就加强该地区进步力量的方案进行了会商。与会者呼吁加强团结协作，一致防御试图以武力推翻各国左翼政府的"新自由帝国主义的反攻"。

2015 年 8 月 14 日 美国国务卿克里抵达哈瓦那，以一项庆祝活动正式为重新开放的美国大使馆揭幕。这是自 1945 年以来美国国务卿第一次访问古巴。

2015 年 9 月 9 日至 10 日 古巴与欧盟代表第五轮谈判在哈瓦那举行。

2015 年 9 月 11 日 美国总统奥巴马将《对敌贸易法》继续延长一年。这项颁布于 1917 年的法令，授予国家元首禁止与定性为"敌国"的国家进行贸易、金融往来和旅行往来。涉及这项规定的此类国家，如今在全世界只剩下古巴一国。这项法令也为自 1962 年以来针对这一加勒比海岛国经济、贸易和金融的制裁奠定了法律基础。

2015 年 9 月 19 日至 21 日　第一位南美籍教皇方济各访问古巴。抵达哈瓦那之后，教皇会见了劳尔·卡斯特罗主席及其兄长前任、革命领导人菲德尔·卡斯特罗。教皇还在首都、古巴东部城市奥尔金和圣地亚哥举行了弥撒仪式。

2015 年 9 月 22 日至 26 日　方济各教皇访问美国。访问日程中包括与奥巴马总统进行会谈。此外，方济各作为第一位教皇在美国国会和联合国全体大会上做了演讲。

2015 年 9 月 25 日至 29 日　古巴主席劳尔·卡斯特罗访问纽约。他在联合国总辩论第一天的发言，获得了所有发言者中最长时间的掌声。卡斯特罗与众多国家元首和政府首脑进行磋商，并在与会期间建立了古巴与马绍尔群岛和帕劳的外交关系。

2015 年 10 月 23 日　哥伦比亚总统胡安·曼努埃尔·桑托斯与"哥伦比亚革命武装力量"最高司令希梅内斯（Timoleon Jimenez）在哈瓦那首次握手，并签署了通过法律手段清理双方超过四分之一世纪年代中的武装冲突后果。双方都表达了签署一项和平协议的愿望。

2015 年 10 月 25 日　在危地马拉总统选举第二轮投票中，国家融合阵线（国家运动）候选人吉米·莫拉莱斯当选总统，任期为 2016 年至 2020 年。选举投票率为 56%，莫拉莱斯这匹政治黑马获得了有效选票中的 67%。将于2016 年 1 月 14 日就任总统的莫拉莱斯，与极右翼军方关系密切，其经济政策纲领接近立场倾向反对派的企业家联合会（CACIF）。

2015 年 10 月 25 日 在阿根廷总统选举中，执政党阵营赢得了多数。执政联盟胜利阵线（FPV）候选人丹尼尔·肖利获 36.9% 的选票，未赢得第一轮投票中获胜所必需的绝对多数，不得不在 11 月 22 日的第二轮投票中与保守党候选人毛里西奥·马克里（34.5%）再争高下。

2015 年 10 月 27 日 在纽约 193 个成员国参加的联合国大会上，以创纪录的 191 票连续第 24 次要求美国终止对古巴的制裁。上一年投弃权票的 3 个太平洋岛国密克罗西亚、帕劳和马绍尔群岛，这一次也同其他联合国成员国一道，对古巴提案投了赞成票。

2015 年 10 月 27 日至 28 日 马泰奥·伦齐总理作为第一位意大利政府首脑对古巴作正式国事访问。伦齐与劳尔·卡斯特罗主席会晤，致力于在哈瓦那举办一个经济论坛，以吸引意大利增加对这个加勒比海社会主义岛国的投资。

2015 年 11 月 22 日 在阿根廷总统选举第二轮投票中，保守党候选人毛里西奥·马克里以 51.4% 的选票战胜其左翼自由派竞争者丹尼尔·肖利（48.6%）。这位企业家宣布该南美国家将进入"世代转换"。马克里也想在外交政策方面走上另一条道路，作为第一个步骤，他与委内瑞拉政府保持了距离。然而，马克里在议会中仍然没有获得多数席位。他的竞选联盟仅仅在 257 个席位中赢得了 89 个席位。组建至今的庇隆主义执政联盟胜利阵线，在议会当中占据 107 个席位。

2015 年 12 月 1 日至 2 日 古巴与欧盟代表之间的第六轮谈判在布鲁塞尔进行。

2015 年 12 月 6 日 在委内瑞拉议会选举中，右翼的反对党联盟"团结民主联盟"赢得全国代表大会 167 个席位中的 109 席。执政的社会主义党及其盟友只获得 55 席，从而在议会中失去了保持 16 年之久的多数地位。除反对党联盟的 109 席外，该国当地团组的其他 3 名候选名额同样被右翼候选人赢得。马杜罗总统在选后立即以"针对委内瑞拉的反革命和经济战争赢得了胜利"这句话表明他承认了选举结果。右翼联盟在获得议会多数之后，有权利修改宪法，但是必须经过国民投票表决。马杜罗警告人们防范对社会改革的进攻。新的全国代表大会将于 2016 年 1 月 5 日召开第一次会议，代表们的任期为5 年。

参考文献

Agee, Philip, Aust, Stefan, Bissinger Manfred,
    Jürgens Ekkehardt, Spoo, Eckart: Unheimlich
    zu Diensten – Medienmissbrauch durch
    Geheimdienste, Steidl Verlag, Göttingen 1987
Agee, Philip: CIA Intern – Tagebuch 1956–1974,
    Europäische Verlagsanstalt, Hamburg 1981
    (2. Auflage)
Boron, Atilio A.: América Latina en la Geopolítica
    Imperial, Eiditorial Ciensias Sociales,
    La Habana 2014
Brzezinski, Zbigniew: Die einzige Weltmacht –
    Amerikas Strategie der Vorherrschaft,
    Fischer Taschenbuch Verlag,
    Frankfurt am Main 1999
Calloni, Stella: Operation Condor (Lateinamerika
    im Griff der Todesschwadronen), Zambon Verlag,
    Frankfurt am Main 2010
Calvo Ospina, Hernando und Declerq, Katlijn:
    Originalton Miami, PapyRossa Verlag, Köln 2001
Castro, Fidel und Ramonet, Ignacio: Fidel Castro –
    Mein Leben, Rotbuch Verlag, Berlin 2008
Chomsky, Noam: Hybris – Die endgültige Sicherung
    der globalen Vormachtstellung der USA, Europa
    Verlag, Hamburg 2003

Chomsky, Noam: Der Terrorismus der westlichen
    Welt – Von Hiroshima bis zu den Drohnenkriegen,
    Unrast Verlag, Münster 2014
Chomsky, Noam: Profit Over People – War
    Against People – Neoliberalismus und
    globale Weltordnung, Menschenrechte und
    Schurkenstaaten, Piper Verlag, München 2006
Corvalán, Luis: Gespräche mit Margot Honecker über
    das andere Deutschland, Verlag Das Neue Leben,
    Berlin 2001
Eichner, Klaus: Imperium ohne Rätsel, edition ost,
    Berlin 2014
Eichner, Klaus: Operation Condor,
    Verlag Wiljo Heinen, Berlin 2009
Fuson, Robert H. (Hrsg.): Das Logbuch des
    Christoph Kolumbus, Gustav Lübbe Verlag,
    Bergisch Gladbach 1989
Galeano, Eduardo: Die offenen Adern Lateinamerikas,
    Peter Hammer Verlag, Wuppertal 1981
    (2. Auflage)
García Iturbe, Nestor und Sotolongo, Osvaldo Felipe:
    Subversión Político Ideológica – Made in USA,
    Eiditorial Ciensias Sociales, La Habana 2012
Golinger, Eva und Migus, Romain: La Teleraña
    Imperial – Enciclopedia de Injerencia y
    Subversión, Eiditorial Ciensias Sociales,
    La Habana 2010
Grimmer, Reinhard und Schwanitz, Wolfgang
    (Hrsg.): Wir geben keine Ruhe – Unbequeme
    Zeitzeugen Bd. II, verlag am park in der
    edition ost, Berlin 2015

Hermsdorf, Volker und Modrow, Hans: Amboss
oder Hammer. Gespräche über Kuba,
Verlag Wiljo Heinen, Berlin und Böklund 2015

Hermsdorf, Volker: Havanna. Kultur – Politik –
Wirtschaft, Ossietzky Verlag, Dähre 2015

Hermsdorf, Volker: Die Kubanische Revolution,
PapyRossa Verlag, Köln 2015

Hirschmann, Kai: Geheimdienste, Europäische
Verlagsanstalt, Hamburg 2004

Huhn, Klaus: Massenmord am karibischen Himmel,
Verlag Wiljo Heinen, Böklund 2008

Huhn, Klaus: Waterloo in der Schweinebucht, Verlag
Das Neue Berlin, Berlin 2011

Keßler, Heinz und Streletz, Fritz: Ohne die Mauer
hätte es Krieg gegeben, edition ost, Berlin 2011
(2. Auflage)

Klein, Naomi: Die Schock-Strategie – Der Aufstieg
des Katastrophen-Kapitalismus, S. Fischer Verlag,
Frankfurt am Main 2007

Langer, Heinz: Kuba – Die lebendige Revolution,
Verlag Wiljo Heinen, Böklund 2007

Langer, Heinz: Mit Bedacht, aber ohne Pause,
Verlag Wiljo Heinen, Berlin 2011

Lenin, W.I.: Der Imperialismus als höchstes Stadium
des Kapitalismus, In: Ausgewählte Werke Bd. 1,
Dietz Verlag, Berlin 1967

LeoGrande, William M. und Kornbluh, Peter:
Back Channel to Cuba: The Hidden History
of Negotiations between Washington and
Havana, The University of North Carolina Press,
Chapel Hill (North Carolina), 2014

LeoGrande, William M. und Morín Nenoff,
　　Jenny: Wenn Schweine fliegen: Ein neuer
　　Kurs für die US-kubanischen Beziehungen,
　　Rosa-Luxemburg-Stiftung,
　　Mexico und New York 2015

Modrow, Hans: Die Perestroika – wie ich sie sehe,
　　edition ost, Berlin 1998

Modrow, Hans und Schulz, Dietmar (Hrsg.):
　　Lateinamerika, eine neue Ära?, Karl Dietz Verlag,
　　Berlin 2008

Sánchez Espinosa, Iroel: Sospechas y disidencias,
　　Ediciones Abril, La Habana 2012

Schäfer, Horst: Im Fadenkreuz: Kuba,
　　Kai Homilius Verlag, Berlin 2004

Sharp, Gene: Von der Diktatur zur Demokratie – Ein
　　Leitfaden für die Befreiung (Das Lehrbuch zum
　　gewaltlosen Sturz von Diktaturen),
　　Verlag C.H. Beck, München 2014 (4. Auflage)

Ziegler, Jean: Der Hass auf den Westen – Wie sich die
　　armen Völker gegen den wirtschaftlichen Weltkrieg
　　wehren, Wilhelm Goldmann Verlag,
　　München 2011 (2. Auflage)

人名索引

图书在版编目（CIP）数据

古巴：起步还是止步？ /（德）汉斯·莫德罗
（Hans Modrow）等著；王建政译. -- 北京：社会科学
文献出版社，2016.7
书名原文：Kuba – Aufbruch oder Abbruch?
ISBN 978 – 7 – 5097 – 9026 – 7

Ⅰ.①古…　Ⅱ.①汉…②王…　Ⅲ.①古巴 – 研究
Ⅳ.①D775.1

中国版本图书馆 CIP 数据核字（2016）第 075325 号

古巴：起步还是止步？

著　　者 /
　　　　　〔德〕汉斯·莫德罗（Hans Modrow）
　　　　　〔德〕弗里茨·施特雷利茨（Fritz Streletz）
　　　　　〔德〕克劳斯·艾希纳（Klaus Eichner）
　　　　　〔德〕福尔克尔·赫尔姆斯多夫（Volker Hermsdorf）

译　　者 / 王建政

出 版 人 / 谢寿光
项目统筹 / 祝得彬
责任编辑 / 刘学谦　刘　娟

出　　版 / 社会科学文献出版社·当代世界出版分社（010）59367004
　　　　　地址：北京市北三环中路甲 29 号院华龙大厦　邮编：100029
　　　　　网址：www.ssap.com.cn
发　　行 / 市场营销中心（010）59367081　59367018
印　　装 / 北京季蜂印刷有限公司

规　　格 / 开　本：787mm × 1092mm　1/16
　　　　　印　张：10.75　字　数：109 千字
版　　次 / 2016 年 7 月第 1 版　2016 年 7 月第 1 次印刷
书　　号 / ISBN 978 – 7 – 5097 – 9026 – 7
著作权合同
登 记 号 / 图字 01 – 2016 – 4729 号
定　　价 / 59.00 元